저희 부부가 한국해비타트와 함께한 20여 년의 시간은 2003년 태풍 루사로 인해 집을 잃은 분들을 돕고자 시작한 번개건축으로부터 출발했습니다. 그 시작은 '하나님 보시기에 기뻐하시는 일을 하고 싶다.'는 작은 마음이었습니다. 하지만 현장에서 건축봉사를 하며 봉사자들이 짓는 집은 그냥 건물이 아니라 '한 가정을 세우는 일'임을 깨닫게 되었고, 그 무겁지만 뜻깊은 사명감이 저희 가정이 후원과 봉사를 지속할 수 있도록 하는 원동력이 되었습니다.

이 책은 집을 짓는 해비타트 사람들의 이야기입니다. 그들이 흘리는 땀이 왜 그토록 스스로를 기쁘게 하는지, 집을 통해 누군가의 인생이 어떻게 바뀌는지 그 생생한 이야기가 담겨 있습니다. 이 이야기를 읽는 독자 여러분들에게도 현장의 생생함이 잘 전해져 자신만의 마음의 집을 세우는 값진 경험이 되시길 바랍니다.

한국해비타트 홍보대사 배우 이재룡, 유호정 부부

<엄마 친구 아들> 촬영 중, "대학 시절에 해비타트 현장에서 자원봉사를 해 왔고, 지금도 시간 날 때마다 참여하고 있어요."라는 대사가 있었습니다. 이 씬을 연기하며 마음속에 '좋은 사람이자 좋은 건축가인 최승효가 경험했던 해비타트는 어떤 곳일까?'라는 궁금증이 있었습니다. 그런데 본문의 "음…… 세상을 바라보는 눈이 바뀐 것 같아요"라는 글을 읽으며 왜 최승효라는 인물이 그렇게 따뜻한 마음을 가진 건축가가 될 수 있었는지 알 것 같았습니다. 많은 분들이 한국해비타트를 통해 세상을 바라보는 따뜻한 눈을 갖길 바라며, 저 또한 더욱더 따뜻한 마음으로 세상을 바라보는 배우가 되길 바라며 이 책을 추천합니다.

배우 정해인

'집=부동산'이라는 개념이 자리 잡은 이 시대, 사람들은 자연스레 '집'이라는 단어를 생각하며 돈을 떠올립니다. '집'이라는 단어가 더 이상 '가정'을 떠올리게 하지 못한다는 것이 슬프지만, 동시에 이 사회 한구석에는 여전히 가족이 함께 도란도란 이야기를 나눌 수 있는 집을 꿈꾸며 살아가는 이들이 있습니다.

한국해비타트는 열악한 주거환경에서 거주하는 사람들이 따뜻한 가정을 지켜 갈 수 있도록 집을 지어 줍니다. 그들이 어떤 마음으로 집을 짓는지 늘 궁금했었는데, 이 책을 읽으며 많은 이들이 마음과 수고를 담아 짓는 그 현장에 다녀온 듯한 느낌이 들었습니다. 그들의 소중한 마음과 사랑을 마주하게 되었고, 새로운 집을 통해 '일상'이라는 이름의 '은혜'와 희망을 품게 된 이들의 웃음과 눈물도 만났습니다. 그리고 그곳에서 일하시는 우리 하나님을 느낄 수 있었습니다.

'요게벳의 노래' 작곡가, 히스킹덤뮤직 대표 염평안

저는 많은 분들에게 "새로운 인생을 살고 싶다면, 정리합시다."라고 말씀드립니다. 정리는 단순히 물건을 정리하는 것을 넘어 나 자신을 사랑하고, 삶을 정돈하며, 궁극적으로 내 꿈을 향해 가는 길을 찾는 과정이기 때문입니다. 그런데 이 책을 읽으며 한국해비타트야말로 누군가의 인생을 정리해 주는 '인생 크리에이터', 또 희망을 심어 주는 '희망 크리에이터'라는 생각이 들었습니다. 이분들이 하는 일은 단순히 집을 짓는 것이 아니라 누군가가 희망으로 인생을 새롭게 정리할 수 있도록 도와주는 역할을 하기 때문입니다. 한국해비타트를 마음 다해 응원합니다.

공간 크리에이터 정리왕 새삶 대표 이지영

모든 사람에게
안락한 집이 있는 세상

한국해비타트 편

안녕, 집

소복소북

집

사람이나 동물이
추위, 더위, 비바람 따위를 막고
그 속에 들어 살기 위하여 지은 건물
[국립국어원 표준국어대사전]

그러나
지금 이 순간에도
집과 싸우며 살아가는 사람들이 있습니다.

어떤 이는
비나 눈이 오는 날이면 불안에 떱니다.

겨우 버티고 있는 지붕과 벽이
언제 무너져 내릴지 모르기 때문입니다.

어떤 이는
누수와 싸우며 살아갑니다.

누수로 인해 곰팡이로 얼룩진 벽에서는
버섯이 자라고 있습니다.

어떤 이는
재래식 화장실의 악취, 벌레와 싸우며 살아갑니다.

그러나 이런 화장실이라도 있는 것이
다행이라고 해야 할까요?
21세기 대한민국과 세계 곳곳에는
이런 화장실마저 없는 집이
여전히 존재하기 때문입니다.

어떤 이는
화재로 인해 한순간에 모든 것을 잃었습니다.

불길이 지나간 자리에는
잿더미와 절망만이 남아 있습니다.

세계인권선언문 제25조

Everyone has the right to a standard of living adequate for the health and well-being of himself and of his family, including food, clothing, housing and medical care and necessary social services, and the right to security in the event of unemployment, sickness, disability, widowhood, old age or other lack of livelihood in circumstances beyond his control.

모든 사람은 의식주, 의료 및 필요한 사회복지를 포함하여 자신과 가족의 건강과 안정에 적합한 생활 수준을 누릴 권리와 실업, 질병, 장애, 배우자 사망, 노령 또는 기타 불가항력의 상황으로 인한 생계 결핍의 경우에 보장받을 권리를 가진다.

대한민국 헌법 제35조

① 모든 국민은 건강하고 쾌적한 환경에서 생활할 권리를 가지며, 국가와 국민은 환경보전을 위하여 노력하여야 한다.

모든 사람에게
안락한 집이 있는 세상을 꿈꾸며

목차

땀 흘리는 게 왜 즐거울까 궁금하시겠지만 15
_ 한국해비타트 김용훈 팀장

이런 게 성경에 나오는 이웃 사랑인 것 같아요 47
_ 한국해비타트 김종필 사무국장

어쩌면 누군가의 인생을 바꿀지도 모르겠어요 71
_ 한국해비타트 이은경 매니저

그때 깨달았어요 사람도 같이 바뀌어야 한다는 걸요   **99**
_ 한국해비타트 오승환 매니저

음…… 세상을 바라보는 눈이 바뀐 것 같아요   **133**
_ 한국해비타트 신유진 매니저

봉사활동을 통해 하나님 나라에 동참하고 싶었어요   **159**
_ 자원봉사자 진재국 목사

안녕, 집   **183**
_ 입주가정 이야기

땀 흘리는 게
왜 즐거울까
궁금하시겠지만

한국해비타트 김용훈 팀장

약 15년간 한국해비타트에 몸담고 있는 충남세종지회의 김용훈 팀장은
해비타트의 집 짓기 사업부터 모금, 사업관리, 해비타트 목조건축학교까지
해비타트의 다양한 사업을 해 오고 있다.

익숙해 보이는 작업복 차림, 까맣게 그을린 얼굴, 군데군데 해진 허리춤의 가죽 가방은 그가 현장에서 보냈던 수많은 시간과 땀을 짐작하게 했다.

실내 건축을 전공한 후 인테리어 회사에 다녔던 김용훈 팀장은 잦은 술자리와 지방 출장으로 인해 이직을 고민하게 되었다. 신실한 기독교인이었던 그는 새로운 길을 찾고자 간절히 기도했고, 기도 중 미래의 아내와 행복하게 집을 짓는 모습을 떠올리게 되었다. 그러다가 당시 여자친구(지금의 아내)의 소개로 우연히 한국해비타트를 알게 되었다. 그것이 한국해비타트와의 시작이었다.

그에게 한국해비타트는 어떤 곳일까? 그는 한국해비타트가 '즐거운 곳'이라고 말했다. 다른 것은 크게 신경 쓰지 않을 만큼, 그는 자신의 일에 푹 빠졌다.

"저도 직장인이니까 연봉이나 다른 것들도 중요하다고 생각해요. 그래도 누군가를 위해 일하는 게 즐거워요."

쑥스러운 듯 말하는 그의 표정에는 이 일을 향한 진심과 애정이 담겨 있었다.

그러나 아무리 즐겁고 행복한 일일지라도 자신만의 페이스를 유지하며 일하는 것이 중요하다. 일에 대한 열정에 취해 에너지를 쏟기만 한다면 그 일을 오래 할 수 없기 때문이다. 그는 마음의 에너지가 고갈되어 바닥을 보이기 전, 잠시 숨 고르기를 하고자 인생에서 쉼표를 찍기로 했다.

1년간의 안식년. 그는 그때도 봉사를 택했다. 김용훈 팀장은 아내와 함께 영국으로 해외 봉사를 떠났다. 낯선 곳에서 보냈던 1년은 비록 몸은 고됐지만 지쳤던 마음을 회복하는 시간이었다.

> "집을 지으며 저도 모르게 지쳤던 마음이, 아내와 함께 집을 지으며 회복된 것 같아요."

순간 그는 자신의 기도를 떠올렸다. 그것은 언젠가 기도하다 보았던, 아름다운 아내와 함께 행복하게 집을 짓던 바로 그

장면이었다.
그는 그렇게 충전된 마음을 가지고 다시 돌아왔다.

> "한국해비타트 같은 단체에서 일하려면 먼저 그 일이 즐겁고 행복해야 해요."

그는 누군가가 살아갈 집을 짓는 이 일이 지금도 즐겁고 행복하다.

집 그리고 한국해비타트

한국해비타트에 입사한 후 김용훈 팀장이 현장에서 만났던 집들 가운데는 상상했던 것보다 더 열악하고 참혹한 곳이 많았다.

> "월세 15만 원인 쪽방에 살던 분이 있었어요. 제 덩치로는 복도를 통과하기도 힘든 곳이었어요. 겨우 그 집에 들어가 보니 공기가 너무 안 좋더라고요. 그분은 천식호흡기를 쓰고 계셨고요. 자세히 보니 방 안 전체가 곰팡이였어요. 또 어떤 집은 낡은 싱크대를 철거하려고 뜯으니 거기서 바퀴벌레 수백 마리가 튀어나왔어요. 영화에서나 나올 법한 장면이었죠. 또 천장을 뜯으니 쥐 똥이 우수수 떨어졌고요. 이런 집이 생각보다 많아요."

그는 참여했던 사업 중 한 가정의 이야기를 들려주었다.

> "150년도 더 된 낡은 흙집에서 조부모님과 살던 형제가 있었어요. 천장은 다 내려앉아서 전등이 덜렁거렸고, 재래식 화

장실이라 욕실이 아예 없었어요. 거기다 보일러가 없어서 씻으려면 매번 물을 데워 마당에서 씻어야 하는 상황이었죠. 형제가 주로 지내는 곳은 다락방이었는데 흙집이다 보니 단열이 안 되고, 흙먼지가 많이 날려서 아이들의 건강이 걱정될 정도였어요. 하지만 예상과 다르게 형제가 참 밝았어요. 사이도 정말 좋고요. 형제를 보면서 빨리 좋은 집을 지어 주고 싶다는 마음이 간절했어요.

한겨울이라 작업할 때 엄청 추워서 고생했지만, 겨울이 끝나갈 때쯤 형제에게 깨끗한 집을 선물할 수 있었어요. 흙집을 허문 자리에 깨끗한 화장실과 부엌, 형제가 사용할 방이 있는 집을 만들었어요. 할아버지, 할머니, 그리고 형제가 기뻐하는 모습을 보니 정말 좋더라고요."

국어사전에 나와 있는 집에 대한 정의는 이러하다. "사람이나 동물이 추위, 더위, 비바람 따위를 막고 그 속에 들어 살기 위하여 지은 건물" 이처럼 집은 외부 환경으로부터 안전하게 지켜 주는 곳이다. 그러나 현실 속에는 제 기능을 하지 못하는 집들이 많이 있었고, 누군가는 거기서 살아가고 있었다.

그러나 여기서 어떻게 살까 싶은 열악한 환경의 집일지라도 누군가에게는 그 무엇보다 소중한 보금자리이다. 집이라는 보금자리는 한 가정이 영위되기 위한 필수조건이기 때문이다.

"한 달에 기초생활수급비 20만 원 받아서 월세로 15만 원 내고, 나머지 5만 원으로 생활하시는 분도 있어요. 작은 단칸방일지라도 수입의 4분의 3을 지출할 만큼 집이 중요한 거죠. 또 어떤 가정은 아이가 넷인데, 집이 좁아서 두 명만 부모님과 살아요. 나머지 두 명은 친척 집에서 지내고요. 집 때문에 가족들이 헤어져 사는 거죠."

김용훈 팀장이 만났던 그들은 집이 절실히 필요한 사람들이었다. 그들에게 집은 가정의 해체뿐만 아니라 생존과도 직결된 문제였다.

"NGO 단체에서 모금하는 내용을 보면, 아이들이 굶어 죽고 학대당하는 사연을 보여 줘서 상대적으로 주거 문제는 뒷전으로 생각되는 것 같아요. 하지만 누구에게나 집은 필요해요. 집이 없으면 사람이 살아갈 수 없고, 가정이 유지될 수도 없으니까요. 저희는 인간의 필수 요소인 의식주 중에서 '주'의 문제를 해결해요. 집은 비용이 많이 들고 대규모의 작업이기 때문에 쉽지 않지만, 누군가는 꼭 도와줘야 해요."

집을 고치거나 짓는 일은 큰 비용과 수고를 동반하기에 결코 쉬운 일이 아니다. 한국해비타트는 어떻게 이 일을 감당하고 있을까?

"한국해비타트가 후원자들의 후원금으로만 운영된다고 생각하실 수도 있는데, 반은 맞고 반은 틀려요. 한국해비타트는 기본적으로 자원봉사자, 후원자, 입주가정이 함께 집을 지어요. 이 세 주체가 없다면 한국해비타트는 집을 지을 수 없어요."

한국해비타트의 기본, 자원봉사자

'한국해비타트' 하면 집을 짓는 봉사활동을 떠올리게 된다. 다른 봉사활동은 주로 누구나 할 수 있는 일을 하는 반면, 한국해비타트의 봉사활동은 조금 특수하다. 집을 짓는 일, 이 일은 전문가의 영역이기 때문이다. 전문가의 손길을 필요로 하는 일에 자원봉사자들을 참여시킨다는 것이 무척이나 흥미로웠지만, 이내 '괜찮을까?' 하는 염려가 뒤따랐다. 한국해비타트가 굳이 자원봉사자와 함께 집을 짓는 이유는 무엇일까?

"일반적인 건설사라면 공사 기간을 최대한 단축시켜야 해요. 왜냐하면 공사 기간이 늘어날수록 인건비나 간접비 등이 늘어나니까요. 그러나 한국해비타트는 건설사가 아니에요. 건축 현장에서 비전문가의 역할은 한정적이지만, 저희가 도움받아야 할 일들을 선별해서 자원봉사자들에게 할 수 있는 역할을 주고 있어요. 위험하지 않고, 비전문가가 해도 괜찮은 일들이요. 자원봉사자들의 봉사활동이 건축 현장에서 크게 도움이 안 될 거라고 생각하실 수도 있지만, 현장에서는 누군가가 꼭 해야만 하는 일들이 있어요. 그래서 자원봉사자들의 역할이 중요해요.

게다가 자원봉사자들이 봉사에 참여하게 되면서 한국해비타트의 정신을 알릴 수 있으니, 한국해비타트의 사역에서 자원봉사자는 없어서는 안 될 존재예요. 자원봉사자가 빠지면 한국해비타트의 기본이 사라지는 거예요."

전문가의 영역이라고만 생각했던 집 짓는 일에도 누군가 꼭 해야만 하는 일들이 있다. 김용훈 팀장은 자원봉사자들에게 망치질, 자재 나르기, 현장 정리 같은 일들을 배분한다. 자재 나르기나 현장 정리는 누구나 할 수 있는 일이니 상관없지만, 망치질을 하다가 못을 잘못 박으면 하자로 이어지지 않을까?

"자원봉사자들이 하는 대부분의 일은 비전문가가 해도 문제되지 않는 것이에요. 망치질을 하다가 못이 조금 휘었다고 해서, 석고보드에 5개 박아 달라고 요청한 못을 6~7개 박았다고 해서 하자가 발생하지는 않거든요."

현장에서 경험하는 망치질은 특별하다. 평소에 해 볼 일이 많지 않기도 하지만, 망치질이 주는 쾌감이 있기 때문이다.

> "대부분의 자원봉사자들이 가장 좋아하는 일이 바로 망치질이에요."

한 손으로 무거운 망치를 들고, 다른 한 손으로 못을 잡은 후 정확하게 못을 내려치는 일은 생각보다 고도의 집중력을 필요로 한다. 잠깐의 방심으로 삐끗하면 못이 휠 뿐만 아니라 신체 사고로 이어질 수도 있기에 긴장을 늦출 수 없다. 긴장감을 유지한 채 몇 번 망치질을 하다 보면, 처음에 잘 못하던 사람들도 곧 익숙해진다. 그렇게 가지런히 박힌 못을 보노라면 생각보다 더 큰 보람이 차오른다.

> "저희가 자원봉사자들이 꼭 해 주길 바라는 작업은 자재 나르기나 현장 정리예요. 이런 일들이 대단해 보이지 않을 수도 있지만, 현장에서 일하는 저희에게는 무척 중요한 일이거든요."

자재를 이쪽에서 저쪽으로 옮기는 일, 현장에 떨어진 못을 줍는 일, 그리고 구부러진 못을 펴는 일은 누구나 할 수 있는 일이지만 작업 능률과 안전을 위해서 꼭 필요하다. 몇 시간 동안 왔다 갔다 하면서 날라야 할 자재를 여러 명이 한두 번씩만 날라도 되기 때문에 시간을 절약할 수 있고, 누군가 뾰족한 못을 밟아 사고로 이어질 수 있는 위험을 방지할 수 있으니 결코 소홀히 할 수 없는 일들이다.

그러나 별것 아닌 일이든, 흥미로운 망치질이든 현장에서 어떤 봉사활동을 하게 될지는 그날의 스케줄에 따라 달라진다.

> "공사 진행 상황에 따라 하는 일이 달라져요. 어떤 날은 하루 종일 못 박는 일만 하는 경우도 있고, 어떤 날은 자재 나르기나 현장에 떨어져 있는 못 줍는 일을 주로 하는 경우도 있어요. 언제 오시느냐에 따라 그날그날 주어지는 일들이 달라져요."

현장에서는 남녀의 구분이 없다. 남자들이 망치질을 하면 여자들은 현장을 정리하는 식으로 일이 분배될 거라는 예상과 달리, 모두가 함께하는 방식으로 이루어진다. 가끔 무거운 짐을 나를 경우에만 남녀의 구분이 있을 뿐이다.

> "남자든, 여자든 한국해비타트 안전모와 조끼를 착용한 순간부터는 모두가 자원봉사자일 뿐이에요."

자원봉사자들은 한국해비타트 스태프들의 지시 아래 모두 함께 망치질을 하고, 자재를 나르고, 못을 줍고 펴는 일을 한다.

그렇다면 이런 봉사활동에 얼마나 많은 사람들이 참여하고 있을까? 방학 때라면 봉사하러 오는 대학생들이 많겠지만, 그 외에는 현장이 대부분 지방이라 봉사하러 오가는 것조차 쉽지 않아 보였다. 하지만 예상과 달리 한국해비타트 봉사활동은 방학 기간뿐 아니라 평소에도 신청자가 많아서 하고 싶다고 다 할 수 있는 일이 아니었다. 모집 공고를 올리면 늘 며칠 안에 마감될 정도.

> "저희가 봉사활동 하러 오는 분들에게 OT를 할 때 우스갯소리로 이런 이야기를 해요. 여기 한 번 오면 자꾸 생각나서 또 오게 된다고요. (웃음)"

자원봉사자 중에는 경험차 짧게 봉사활동 하러 왔다가 방학 내내 일하다 가는 대학생들도 있고, 매년 방학을 한국해비타트 건축 현장에서 보내는 학생들도 있다. 심지어 휴학하고 1년 내내 봉사하는 경우도 있다. 직장인들은 주말에 와서 일하다 가거나 기업에서 단체로 오기도 한다.

"자원봉사자로 오는 대학생들 중에 꾸준히 열정적으로 봉사 활동 하러 오는 친구들이 있어요. 그 친구들과 친해져서 이야기를 나누다 보면 봉사도 열심히 하는데 공부도 잘해요. 어리지만 참 대단하다 싶더라고요. 그런 친구들은 직장인이 되어서도 시간 날 때면 봉사하러 와요. 이렇게 타인을 도울 줄 알고 성실하기까지 한 친구들이 우리 사회를 이끌어 나가겠구나 생각하니 든든하더라고요."

단 하루일지라도 온종일 현장에서 땀 흘리는 경험은 백 마디 말보다 효과적이며, 강렬하다. 그리고 그것은 고스란히 '한국해비타트'라는 이름으로 그들의 마음에 남는다. 그들이 봉사활동 이후 또 현장을 찾을지, 후원자로 이어질지, 아니면 그날 이후로 끝일지는 알 수 없지만, 한 가지 분명한 것은 한국해비타트의 정신이 그들에게 알게 모르게 전해진다는 것이다.

"봉사활동 하러 정말 다양한 분들이 오시는데, 한 가지 공통된 점이 있다면 아침의 표정과 집에 갈 때의 표정이 다르다는 거예요. 하루 종일 땀 흘리고 힘드셨을 텐데 오히려 집으로 돌아갈 때의 표정이 더 밝아요. 그분들 중에 또 오시는 분들도 많고요. 땀 흘리는 게 왜 즐거울까 궁금하시겠지만, 경험해 보면 알게 돼요."

하루의 시간과 현장에서 마시는 물, 점심 식사 등의 비용, 그리고 뜨거운 햇빛 아래 흘리는 땀. 한국해비타트 봉사활동에는 이 모든 것을 극복하게 만드는 무언가가 있다. 경험해 보아야만 알 수 있는 그 무언가가.

감사한
마음으로
집을
지켰습니다
감사합니다
♡ 최고죠

봉사활동 하러 정말 다양한 분들이 오시는데,
한 가지 공통된 점이 있다면
아침의 표정과 집에 갈 때의 표정이 다르다는 거예요.
하루 종일 땀 흘리고 힘드셨을 텐데
오히려 집으로 돌아갈 때의 표정이 더 밝아요.

땀으로 지어지는 집

"한국해비타트는 자원봉사자, 후원자, 입주가정이라는 세 파트너가 함께 집을 지어 가는 구조예요. 어느 누구 하나 빠지면 안 되죠. 자원봉사자는 현장에서 땀 흘리며 몸으로 저희의 사역을 돕고, 후원자는 열심히 일해 얻은 수익으로 저희에게 후원금을 보내 주세요. 마지막으로 입주가정의 땀과 상환금이 더해져 비로소 완성돼요."

한국해비타트 로고( )를 보면 지붕 아래 3명의 사람이 서 있다. 한 명은 후원자, 한 명은 자원봉사자, 한 명은 입주가정을 뜻한다. 즉, 한국해비타트의 집은 후원자, 자원봉사자, 입주가정의 마음이 만나 지어진다. 후원자들은 각자 삶의 터전에서 땀 흘려 번 돈으로 후원을 하고, 자원봉사자들은 현장에서 땀을 흘리며 집을 짓는다. 여기까지가 보통 생각하는 한국해비타트의 사역의 원리지만, 이것이 끝이 아니다.

한국해비타트에서 지은 집에 입주하는 가정은 '땀의 분담'(sweat equity)을 통해 함께 집을 짓고, 집을 짓는 데 들어간 원가를 상환해야 한다. 먼저 땀의 분담이란 한국해비타트 집에 입주하기 위해 300시간 동안 건축 자원봉사에 참여하는 것이다. 즉, 300시간 동안 자신이 살게 될 집을 직접 짓는 활동이다.

"300시간을 채우지 못하면 돈을 얼마를 내더라도 입주할 수 없어요. 자원봉사자들이 땀 흘려 집을 짓듯, 입주가정도 300시간 동안 땀 흘리며 집 짓는 일에 동참해야 해요. 한국해비타트의 집은 이렇게 많은 사람의 땀으로 만들어지는 집이에요."

살게 될 집을 직접 짓는다면 못 하나 박을 때도, 도배지 한 장 붙일 때도 마음가짐이 달라질 수밖에 없다. 그곳은 '내 집'이기 때문이다.

그런데 입주가정의 역할은 여기서 끝나지 않는다.

"300시간 땀을 흘린 후에는 그 집을 짓는 데 들어간 비용을 상환해야 해요. 다만 일반적인 원가와는 다른 금액이고, 장기간 무이자로 상환할 수 있어요."

어려운 사람들에게 당연히 '무료'로 집을 지어 준다고 생각하던 이들에게는 집의 원가를 상환해야 한다는 사실이 적잖은 충격과 반전으로 다가올 것이다. 아무리 장기간 무이자 상환이라고 해도 부담될 수 있기 때문이다. 한국해비타트는 왜 굳이 원가를 상환하는 방식을 택했을까?

"한국해비타트는 기본적으로 차상위계층을 대상으로 해요. 기초생활수급자 바로 위에 있는 분들이죠. 복지 사각지대라는 말을 들어 보셨나요? 복지 사각지대는 차상위계층을 말해요. 기초생활수급자들은 정말 어려운 분들이기 때문에 정부로부터 많은 지원을 받을 수 있지만, 차상위계층은 소득이 있다는 이유로 지원을 많이 못 받아요. 소득이 평균 이하임에도 불구하고요. 그래서 차상위계층의 대부분이 어렵게 사세요. 거기다 집이 없어서 소득에서 주거비용으로 지출되는 금액이 많다면 더더욱 나아지기 힘들어요.
한국해비타트가 차상위계층을 대상으로 사업을 하는 이유는 집 문제만 해결되면 스스로 일어설 수 있는 분들이기 때문이에요. 보통 집 문제만 해결되어도 많은 변화가 일어나거든요. 그렇게 시간이 지나 상환이 끝나면 그 집은 그분들의 소유가 되기 때문에 그 집을 발판 삼아서 도약할 수 있게 도와드리는 거죠. 집을 매매하시든, 계속 사시든 그건 그분들의 선택이에요."

송파 세 모녀 사건과 같은 뉴스 기사를 통해 복지 사각지대에 놓인 사람들의 안타까운 이야기를 종종 접하게 된다. 차상위계층은 중위소득 50% 이하의 계층으로, 기초생활 보장법상 수급 대상은 아니지만 그 위 단계의 잠재적 빈곤층을 말한다. 이들은 분명 어려운 상황에 놓여 있지만, 소득이 있거나 부양의무자가 있다는 이유로 정부로부터 많은 지원을 받지 못하는 사람들이다.

한국해비타트는 어려운 사람들을 무작정 도와주는 것이 아니라 집만 있으면 충분히 일어설 수 있는 사람들에게 집을 제공함으로써 스스로 일어설 수 있는 힘을 길러 주는 방식을 택했다. 더불어 원가 상환은 자립할 수 있는 힘을 기르는 방법이자, 또 다른 누군가가 일어설 수 있는 밑거름이 된다. 이 두 과정은 꽤나 합리적인 구조를 이룬다.

이렇게 상환된 금액은 후원금과 함께 다시 땅을 구입하고, 집을 짓는 데 사용된다. 또 다른 누군가에게 희망이 되도록 말이다. 도움을 받았던 사람이 누군가를 돕는 사람으로 성장할 수 있게 만드는 이 구조는 흠잡을 곳 없는 선순환이었다.

집 짓는 사람들의 마음

이렇게 누군가의 땀과 시간, 성장으로 만들어진 한국해비타트 집의 안정성은 어떨까? 오랜 기간 현장에서 집을 지어 온 김용훈 팀장은 이렇게 말했다.

"한국해비타트에서 짓는 집이요? 저희가 짓는 집은 살고 싶은 집이에요. 저희 직원들끼리 그런 말을 해요. 우리도 입주하고 싶다고. 직원들이 입주하고 싶을 만큼 정성껏, 제대로 만들어요. 집 때문에 마음 졸이던 분들이 살 집이잖아요. 집이 생겼다며 희망을 가지고 기다리실 텐데, 막상 하자투성이인 집이라면 그분들에게 두 번 상처 드리는 거예요. 그래서 더 제대로 지으려고 노력해요."

한국해비타트는 일반 건설사와 다른 비영리단체이기 때문에 이윤을 남길 필요가 없다. 필요한 공정이 있거나 인력이 더 필요하면 추가하고, 허가 기준을 통과할 정도로 간당간당하게 작업하는 것이 아니라 리스크가 있어 보이면 한 단계 더 업그레이드하는 방식으로 지어진다. 허가 기준에 못 미쳐 문제가 되는 집은 뉴스에서 본 적 있지만, 허가 기준 이상 업그레이드되는 집은 낯설다. 이렇게 지어진 집이라면 좋을 수밖에 없다. 그리고 무엇보다 직원들이 살고 싶을 만큼 제대로 된 집을 만든다는 김용훈 팀장의 말은 신뢰감을 주기에 충분했다.
그러나 이런 노력에도 불구하고 하자가 발생한다는 김용훈 팀장의 한숨 섞인 말에는 안타까움이 짙게 배어 있었다.

"아무리 매뉴얼대로 잘 지어도 사람이 하는 일이다 보니 실수가 생겨요. 다만 그런 문제를 최소화시키려고 노력하는 게 저희 건축팀의 역할이에요. 그리고 하자가 있는 경우에는 하자보수 책임 기간이 있어서 저희 스태프들이 가서 고쳐드리고요."

그의 말처럼 사람이 하는 일이기에 어떤 집이든 하자가 있을 수 있다. 그러나 집을 짓는 사람이 하자 없이 잘 만들고 싶어 하는 마음, 하자에 대해 책임지고자 하는 마음을 품느냐 아니냐의 작은 차이는 결과물에서 더 큰 차이로 나타나지 않을까?

저희 직원들끼리 그런 말을 해요.

우리도 입주하고 싶다고.

직원들이 입주하고 싶을 만큼 정성껏, 제대로 만들어요.

house 그리고 home

영어에서 집을 뜻하는 단어는 'house' 그리고 'home'이 있다. 두 단어 모두 우리말로 '집'이라고 해석되지만, 엄밀히 말해 두 단어의 뜻에는 차이가 있다. 'house'는 단순한 건축물을 뜻하지만, 'home'은 가정을 뜻하기 때문이다. 두 단어 중 한국해비타트가 만드는 집은 'home'이다.

그러나 대한민국에서 집이라는 단어는 어떤 뜻일까? 언젠가부터 재산으로서의 집에 가치를 더 두면서 집의 다른 말은 '부동산'이 되어 버렸다. 'home'의 기능이 묻힌 채, 'house'의 의미만 남은 것이다. 가족이 함께하는 공간으로서의 'home'의 의미가 상실된 자리에는 재화로서의 가치인 'house'가 메워졌다.

> "한국해비타트에서 짓는 집은 기본적인 인권과 권리인 것 같아요. 세계인권선언 제25조와 대한민국 헌법 제35조를 보면 주택이 가장 기본적인 권리라고 명시되어 있어요. 그런데 기본적인 권리를 누리지 못하는 사람들이 있는 거죠. 왜냐하면 뉴스에 나오는 집들이 보금자리로서의 의미보다 부동산으로서의 가치를 상징하기 때문이에요. 그래서 모두가 누려야 하는 기본적인 권리임에도 불구하고 누군가는 누릴 수

없는 것이 되어 버렸어요. 따뜻한 보금자리가 있어야 가정이 세워지고 삶을 꾸려 나갈 수 있는데, 집이 안정되지 않으니 희망을 갖기 어려운 거죠."

누구나 당연하게 누려야 할 기본 권리인 집. 그러나 재화로서의 가치가 커지면서 많은 사람들의 꿈이 '내 집 마련'이 되었고, 집값 상승으로 재산을 늘리는 것이 똑똑하고 현명한 방식으로 여겨졌다. 이러한 사회적 분위기는 집값 상승을 부추겨 누군가에게는 재산을 증식하는 도구가 되었지만, 누군가에게는 가장 기본적인 권리마저 누릴 수 없는 구조를 만들기도 했다.

그런데 이런 구조로 인해 피해를 보는 것은 서민들과 청년들만이 아니었다. 한국해비타트 또한 같은 어려움을 마주하고 있었다.

"저희는 땅값이 비싸면 못 사요. 서울이나 수도권 등 인프라가 많은 곳에 집을 지어 드리고 싶은데, 땅값이 너무 비싸니까 그런 곳은 꿈도 못 꾸죠. 건축비는 정해져 있는데 땅값에 너무 많은 금액을 지출하면, 결국 입주가정이 부담해야 할 상환금이 커지게 되니까요. 차상위계층에게는 너무 큰 부담이 돼요. 그렇다고 너무 변두리에 집을 지으면 아무리 집을 잘 지어도 입주하려는 분들이 없을 수 있어요. 우리가 살아가는 데 있어서 인프라는 중요하니까요. 또한 그 집에 입주해서 상환금을 갚은 후 되팔았을 때 재산으로서의 가치가 어떨지도 의문이고요. 그래서 그 적정선을 찾는 게 어려워요."

한국해비타트의 집 고치기 사업이 수도권 등 전국에서 이루어지는 반면, 집 짓기 사업이 주로 지방에서 이루어졌던 이유는 바로 '땅값' 때문이다. 땅값이 비싼 수도권은 상환금이 커지니 아예 시도할 수 없었던 것이다. 어떻게 해야 이런 안타까운 일을 겪지 않을 수 있을까?

"언론에서 집값이 몇억 올랐다고 하면 지금이라도 사야 하나 하는 사회적인 분위기가 조성돼요. 그러면 한 푼, 두 푼 아껴서 저축하던 사람들은 '저 사람은 한 방에 몇억을 벌었는데 내가 지금 뭐 하고 있는 거지?' 하는 허탈감을 느끼고, 이런 상황이 집값 상승을 부추겨요. 사실 집은 소득과 이익을 주는 재산으로서의 가치라기보다 인간이 살아가기 위한 가장 기본적인 공간이잖아요. 얼마짜리 아파트냐, 몇 평이냐, 집값이 얼마냐를 따지기 전에 집은 우리가 발 뻗고 편히 누워서 쉴 수 있는 공간이라는 걸 먼저 생각했으면 좋겠어요."

그의 말처럼 집은 가족들이 편히 누워서 쉬는 곳이다. 같이 밥을 먹고, 잠을 자고, 서로가 보낸 하루를 나누며 일상을 함께하는 곳. 이런 소소한 행복을 어떻게 재화의 가치로 논할 수 있을까?

마지막 말에서 그의 간절함이 전해졌다.

> "한국해비타트는 'home'을 지어요. 단순히 집이라는 공간을 만드는 게 아니라 한 가정을 세우고 지킨다고 생각하며 모두가 땀 흘려 집을 짓는 거죠. 그 집에서 살아갈 가정이 안정되고, 가족 모두에게 긍정적인 삶의 변화가 일어나길 바라면서요. 그래서 오늘도 누군가의 가정을 세우고 지키기 위해 한국해비타트 직원들과 자원봉사자들, 후원자들, 그리고 입주가정이 열심히 땀 흘리고 있어요. 모든 사람에게 안락한 'home'이 생기길 바라는 마음으로요."

이런 게
성경에 나오는
이웃 사랑인 것 같아요

한국해비타트 김종필 사무국장

한국해비타트 충남세종지회의 김종필 사무국장은
경력직으로 입사한 지 10년이 되었다.
그는 현재 충남세종지회에서
집 짓기, 주거 환경 개선 사업, 한국해비타트 목조건축학교, 모금 활동 등
전반적인 사업의 총책임자로 일하고 있다.

한국해비타트 충남세종지회의 실무책임자인 그의 휴대전화는 늘 바쁘다. 하루에도 몇 번씩 현장과 업체, 사무실을 오가며 사업의 진행을 챙기다 보니 사업의 관련자들로부터 쉴 새 없이 전화가 오기 때문이다. 사무실에서 서류를 확인하고 팀원들과 일정을 조율하며 회의를 하는 그때도 그의 휴대전화는 쉴 틈이 없다.

그와 함께 일하는 동료들은 그를 '아빠'라고 부른다. 아빠뻘 되는 나이 차이 때문이라고 오해할 수도 있지만 동료들이 그를 '아빠'처럼 생각하는 것은 다정하고 따뜻한 그의 성품 때문이다. 바쁜 와중에도 그는 직원들에게 식사했는지 묻고, 현장에 다녀오면 수고했다는 말을 잊지 않는다.

그러나 그에게 아빠 같은 따뜻한 리더십만 있는 것은 아니다. 그는 포기할 줄 모르는 열정적인 리더이기도 하다. 행정 절차가 까다롭고, 협의가 어려운 사업, 현실적으로 불가능할 것 같은 사업을 만날 때면 직접 발로 뛰며 해결 방법을 찾아낸다. 한 가정이라도 더 도와주고 싶은 간절한 마음은 포기를 모른다. 동료들은 그런 그의 마음을 잘 알기에 수고와 어려움이 내다보이더라도 믿고 묵묵히 따라간다. 서로에 대한 굳은 믿음으로 인해 충남세종지회는 늘 화기애애하다.

사실 그의 인생에서 '한국해비타트'는 생각해 본 적 없던 단어였다. 그는 한창 사업을 준비하던 때, 지인으로부터 한국해비타트에 입사할 생각이 없느냐는 전화를 받게 되었다. 고민해야 할 아무런 이유가 없었지만, 이상하게도 그 전화는 그의 마음을 붙잡았다.
신실한 기독교인인 그는 먼저 어떻게 해야 할지 기도했다. 그리고 아내, 목사님, 같이 사업을 준비하던 이에게 조언을 구했다. 반대할 거라고 생각했던 그의 예상과 달리, 모두가 그에게 한국해비타트 입사를 권했다. 그렇게 갑자기 인생의 방향이 바뀌었다.

한국해비타트에 입사하면서 그는 다짐했다.

"사실 한국해비타트에서 일하다 보면 감사 인사를 정말 많이 받아요. 사람들을 도와주는 일이잖아요. 그런데 사실 이 모든 건 하나님이 하시는 일이니까 제가 하나님의 영광을 가리지 말자고 생각했어요. 그래서 늘 제가 하나님의 심부름꾼이다 생각해요."

힘들고 지칠 때도 있지만, 그때마다 그가 심부름꾼으로서 맡은 일을 잘 감당하도록 도와주는 손길들이 있었다. 절망으로 가득한 현장이었지만 그곳에는 사람들의 따듯한 마음이 담긴 손길이 끊이지 않았고, 그 마음들은 그가 이 일을 계속할 수 있는 동력이 되었다.

"정말 참혹한 현장인데, 거기서 하나님의 사랑을 느껴요. 이런 게 성경에 나오는 이웃 사랑인 것 같아요."

수해 현장

2017년 7월 15일, 하루 동안 290mm의 폭우가 충청도에 쏟아졌다. 시간당 최고 90mm의 물 폭탄으로 인해 하천이 범람하고, 산이 무너지기 시작했다. 폭우로 인한 피해는 천안 한국해비타트 희망의 마을 112세대도 마찬가지였다.
충남세종지회의 김종필 사무국장은 당시 상황에 대해 이렇게 말했다.

> "7년 전 일이지만 지금도 기억나요. 기억 안 나면 이상하죠. 3개월간 모래랑 씨름했으니까. 그때 저는 교회에서 예배를 드리고 있었어요. 그런데 갑자기 이장님한테 전화가 오더라고요. 예배 중이라 전화를 못 받았더니 문자가 왔어요. '마을에 산사태 발생' 가슴이 철렁 내려앉더라고요."

그는 문자를 보자마자 부랴부랴 달려갔다. 차를 몰고 마을로 가는데 산을 넘으려고 보니 토사가 도로까지 흘러내려온 상황이라 더 이상 진입이 불가능했다. 순간 차를 돌려야겠다는 판단이 섰다. 멀리 고속도로를 타고 둘러 가야 했지만 그래야 마을 안에 들어갈 수 있을 것 같았기 때문이다.

도착해서 본 현장은 예상보다 더 심각했다. 마을 위쪽에 있던 계곡이 중간쯤부터 무너져서 마을로 내려온 것이다. 도랑을 타고 내려온 토사의 일부는 한국해비타트 희망의 마을 쪽으로 밀려왔다. 다른 집들도 피해가 있었지만, 가장 큰 피해를 입은 4동 1층은 처참했다.

> "희망의 마을 4동은 2층 건물로, 총 4세대가 살고 있었어요. 1층에 있던 한 세대는 비어 있는 공간이었고, 나머지 한 집은 네 식구가 사는 집이었는데, 그 집을 덮친 거예요. 뿌리 뽑힌 나무가 창문을 깨고 들어오니까 거기로 물과 토사가 들어온 거죠. 냉장고가 둥둥 떴다고 하더라고요. 그때 집에 있던 어머니는 물과 함께 밖으로 떠밀려 나왔고, 아들 둘은 못 나오고 집 안에 갇혔어요. 다들 아이들을 구하려고 난리였죠. 다행히 그때 거실 창문이 깨져 있어서 그 틈으로 겨우 나왔어요. 그때가 낮이었으니 다행이지, 밤이었으면 자다가 큰일을 당했을 거예요."

네 식구가 살고 있던 그 집은 입주한 지 갓 3개월이 지난 새 집이었다. 어려운 형편 가운데 살다가 새집에 들어와 살게 되었다며 기뻐하던 것이 3개월 전. 부부는 열심히 상환하자며, 평생 여기서 살자며 아이들과 행복한 미래를 꿈꾸고 있었다. 그러나 기록적인 폭우는 한국해비타트로 인해 얻은 가족의 희망을 무참히 무너뜨렸다.

겨우 목숨을 건진 네 식구는 1m 높이로 쌓인 토사를 보며 눈물을 흘렸다. 희망으로 가득했던 집은 한순간에 절망으로 채워졌다.

"부부가 주저앉아서 하늘을 쳐다보며 한숨만 쉬더라고요. 하루아침에 모든 것을 잃었으니, 참……."

비가 그치고 물이 빠지면서 수해의 상처는 더욱 적나라하게 드러났다. 진흙 사이로 보이는 옷가지와 살림살이들. 하얗고 깨끗했던 새집은 온통 회색빛으로 덮여 있었다.

"물이 빠지고 나니 더 기가 막혔어요. 엄두도 안 나고요. 마을에 쌓인 20~30cm 토사를 치우는 것도 어려운데 집 안에 1m나 쌓인 토사를 보니까 한숨만 나오더라고요."

폭우로 인해 천안 한국해비타트 희망의 마을뿐만 아니라 충청도 일대에 많은 피해가 발생했다. 방송을 통해 이 소식이 알려지면서 도움의 손길이 이어졌다.

> "정말 많은 분들이 도와주셨어요. 인근 부대의 군인들, 경찰들, 마을 주민들, 일반 자원봉사자들 등 500명가량이 현장을 찾아왔어요. 저희가 외국인근로자쉼터를 지어 드린 적이 있는데 거기 사는 외국인 노동자들도 오고, 근처 교회 성도들도 와서 도와주셨어요.
> 특히 군인들이 고생을 많이 했어요. 토사를 치우는 일이 어마어마한데 포클레인 2대와 군인들이 보름 동안 치웠어요. 포클레인이 못 들어가는 곳은 다 삽으로 퍼내야 했거든요."

한국해비타트는 집이 복구될 때까지 피해 가정이 지낼 수 있는 임시 처소를 제공했다. 그리고 모금운동을 벌였다. 재해로 피해를 입은 집을 복구하는 데는 엄청난 비용이 들어가지만 정부에서 나오는 지원금만으로는 충당할 수 없었기 때문이다. 복지재단 및 기업, 근처 교회 등에서 기부가 이어졌다. 그렇게 모인 기부금으로 공사가 이루어졌고, 토사로 뒤덮였던 집은 조금씩 제 모습을 찾아갔다. 한 달쯤 지나자 외관이 복구되었고, 산사태 방지를 위해 비탈면의 피복작업도 이루어졌다. 3개월 후쯤 지나자 토사 범벅이었던 모습은 온데간데없이 처음 입주했던 새하얀 집으로 회복되었다.

"입주한 지 3개월밖에 안 된 집이 그렇게 됐으니 처음에는 어머니가 매일 우셨어요. 하지만 도움의 손길이 계속되고, 집이 점점 복구되는 게 보이니까 조금씩 희망을 가지셨죠. 공사가 완료되고 재입주하실 때 고맙다며 펑펑 우시더라고요. 사실 그 가족이 한국해비타트 집에 입주하면서 마음에 희망을 품고 계셨을 텐데, 수해로 인해 절망하셨으면 어떡하나 많이 걱정했었거든요. 그런데 다행히 재입주하시면서 다시 힘을 얻으셨더라고요. 그때 중학생, 초등학생이었던 아이들은 성인이 되었고, 지금도 가족 모두 그 집에서 잘 지내고 계세요. (웃음)"

화재 현장

"화재로 인한 집 고치기 사업은 매년 1세대 이상 진행하고 있어요. 다른 한국해비타트 지회에서도 꾸준히 진행되고 있고요."

산불이 아니더라도 부주의나 누전으로 인해 매년 4만 건 이상의 화재가 발생한다. 화재 피해 가구 중 어린이, 노인, 장애인 등 스스로 재난에 대처하기 어려운 안전취약계층은 69.8%에 달하며, 화재 피해 후 집 없이 지내는 평균 기간은 6개월 정도다. 그러나 6개월이 지나더라도 화재 전과 같은 완전한 복구는 이루어지기 어려운 것이 현실이다.

> "화재의 경우 몸을 피하는 것만으로도 급박해요. 사람 생명이 왔다 갔다 하니까요. 불길 잡는 것도 쉽지 않고요. 그래서 아무것도 챙기지 못하고 휴대전화 하나 들고 나오거나 그마저도 들고 나오지 못하는 경우가 허다해요."

그는 화재로 피해를 입은 한 가정의 이야기를 들려주었다.

> "중학교 3학년 아이, 아버지, 할아버지, 할머니 이렇게 사는 가정이었어요. 컨테이너 박스 집에서 살고 있더라고요. 3개월 전에 집에 화재가 나서 절반이 탔는데, 불에 탄 집을 복구할 수 없으니 그냥 마을에서 준 땅에 컨테이너 박스 집을 놓고 살았던 거죠. 그런데 곧 겨울이 다가오니까 단열이 안 되는 컨테이너에서 계속 지낼 수가 없는 거예요. 그래서 수소문하다가 저희와 연결되었더라고요."

불이 났던 집터는 잿더미로 가득했다. 까맣게 탄 살림살이와

형체를 알아보기 힘든 가구들. 3개월이 지났지만, 그곳은 어제 불이 난 것처럼 불길의 흔적이 고스란히 남아 있었다. 그는 집 안 구석에서 타다 남은 땔감과 땔감을 넣어 작동시키는 화목보일러를 발견했다.

> "화목보일러에서 불이 났더라고요. 화목보일러 때문에 불이 나는 경우가 많아요."

화목보일러는 나무 땔감을 태워서 물을 끓여 발생하는 증기로 난방을 하는 보일러다. 화재의 위험성이 높으며, 나무가 탈 때 발생하는 미세먼지와 발암물질로 인해 건강에 위협이 되지만, 다른 보일러보다 난방 비용이 적게 든다는 장점이 있다. 그런데 조금이라도 난방비를 줄이고자 사용했던 화목보일러가 집을 앗아가 버린 것이다.

화재가 난 집은 철거 작업 후 다시 짓는 경우가 많다. 부수고 다시 짓는 것이 나을 만큼 망가졌기 때문이다.

> "화재 후 상태도 그렇고 오래된 흙집이라 다시 부수고 지어야 할 것 같았어요. 화재 난 집은 그을음과 재 때문에 건질 게 없어요. 그냥 다 버려야 해요. 그래서 다 철거하기로 했어

요. 철거하는 데만 2주 정도 걸렸어요."

보통 철거 작업은 2주까지 걸리지 않지만, 그 집은 유독 철거 작업이 오래 걸렸다. 겨울이 오기 전, 하루라도 빨리 공사를 끝내야 했기에 비가 오는 날도, 눈이 오던 날도 공사는 계속되었다. 시간이 지나면서 기둥이 세워지고 지붕이 덮였다. 궂은 날에도 공사를 하는 한국해비타트 직원들과 자원봉사자들을 보면서 아이의 아버지는 고마움을 전했다.

> "공사가 끝나고 입주하던 날이었어요. 가족들 모두 새집을 보고 엄청 좋아했어요. 아이 아버지는 고맙다며 현장에 있던 사람들에게 떡을 돌리셨고, 다른 사람들 돕는 데 써 달라며 기부금도 주시더라고요. 그분도 어려웠을 텐데 말이죠."

절망으로 가득했던 불타 버린 집터에 새롭게 지어진 그 집은 희망뿐만 아니라 타인을 향한 온정으로 채워졌다.

김종필 사무국장은 2019년 강원도 고성과 속초 일대에 발생한 사상 최악의 산불 이야기를 들려주었다. 당시 고성 산불은 온 국민이 마음을 졸일 만큼 피해 규모가 상상을 초월했다. 축구장 1,700개의 규모인 산림 856만 6,800평이 폐허가 되었고, 피해액은 988억 원에 달했다.

당시 한국해비타트는 산불 피해 이재민들을 위해 이동식 목조주택을 지어 보내기로 했다. 이동식 목조주택을 짓는다는 소식이 전해지자, 여기저기서 자원봉사자들과 한국해비타트 학생 동아리(CCYP), 한국해비타트 목조건축학교 졸업생들이 달려왔다.

> "그날이 4월 5일이었어요. 식목일이라 아직도 날짜가 기억나요. 한국해비타트 목조건축학교 졸업식이었는데, 고성 산불 소식을 듣게 된 거예요. 그래서 제가 졸업생들한테 고성 이재민들을 돕기 위해 이동식 목조주택을 짓게 되면 꼭 참여해 달라고 했어요. 이후 이동식 목조주택을 짓는다는 소식을 듣고 졸업생들이 다 왔더라고요. 하루에 10명씩 와서 망치질하면서 이동식 목조주택을 만들었어요. 한 달 정도 작업해서 열 채를 보냈죠."

이렇게 지어진 이동식 목조주택은 뿔뿔이 흩어져 지내던 이재민들이 지낼 임시 보금자리로 사용되었다.

이동식 목조주택을 짓는다는 소식이 전해지자,
여기저기서 자원봉사자들과 한국해비타트 학생 동아리(CCYP),
한국해비타트 목조건축학교 졸업생들이 달려왔다.

도움의 손길들

재해로 인해 하루아침에 집을 잃은 사람들. 허물어진 집을 바라보는 그들의 마음에는 절망이라는 단어가 자리 잡는다.

> "당사자가 아닌 제가 봐도 허탈한데 그분들의 마음은 어떻겠어요. 정말 처참한 심경일 거예요. 보고 있으면 눈물밖에 안 나와요."

그러나 절망이라는 단어를 밀어내는 것이 있다. 바로 그들을 도우려는 이름도, 얼굴도 모르는 수많은 사람들의 손길이다.

> "수해나 화재로 집을 잃게 되면 정말 아무것도 없으니까 사소한 것까지 다 도움을 받을 수밖에 없어요. 당장 입을 옷부터 숟가락 하나까지도요. 이때 주변의 이웃들에게도 도움을 받지만 처음 보는 사람들에게도 도움을 받게 돼요. 어쩔 수 없는 상황이다 보니 무조건 도움을 받을 수밖에 없죠. 그러면 받는 분들이 고마워서 어쩔 줄 모르세요. 평생 고마움으로 남는 거죠. 또 도와주려는 사람들은 무조건적인 섬김을 베풀어요. 'give and take'가 아니라 그냥 값없이 주는 마음으로요."

이렇게 받은 도움의 손길은 절망 가운데 있는 사람들에게 희망이 된다. 다시 열심히 살려는 희망을 품게 되고, 나아가 도움을 베푸는 손길이 되기도 한다.

> "부부와 대인기피증 아들이 사는 가정이 있었어요. 아버지는 중풍 때문에 일을 못하셨고, 아들은 대인기피증 때문에 일을 못하니 어머니 혼자 공장 식당에서 일하며 가정을 꾸려 나가셨어요. 그런데 그 집에 불이 난 거예요. 그래서 저희가 여기저기서 후원금을 받아 집을 지어 드렸어요. 그랬더니 어머니가 너무 고맙다며 매달 5만 원씩 후원을 하시는 거예요. 그분에게 5만 원은 그냥 5만 원이 아니에요. 정말 큰 돈이에요. 제가 어머니에게 집안 형편이 어려우니 만 원만 하시라며 말렸어요. 그런데 어머니가 고마운 마음을 이렇게라도 갚고 싶다며, 하다가 힘들면 그만하겠다고 하시더라고요. 더 이상 말릴 수가 없어서 하다가 힘들면 그만하시겠지 했는데, 지금까지도 후원하고 계세요."

매년 자연재해나 화재로 인해 집을 잃은 사람들이 생겨난다. 그 수가 얼마나 될지, 피해 규모가 어느 정도일지, 언제쯤 복구될지 가늠할 수 없지만, 그래도 희망을 잃지 않는 것은 누군가를 통해 도움의 손길이 계속 이어지고 있기 때문이다.

누구보다 가까이서 이를 지켜봐 온 그는 웃으며 말했다.

"작은 도움일지라도 그게 모이고 모이니 희망이 되더라고요. 앞으로도 많은 분들과 이웃 사랑의 따듯함을 함께 나누고 싶어요."

어쩌면
누군가의 인생을
바꿀지도 모르겠어요

한국해비타트 이은경 매니저

한국해비타트에서 일한 지 만 11년이 된 이은경 매니저는
집 짓기, 주거 환경 개선 사업, 후원자 관리 및 개발,
한국해비타트 학생 동아리(CCYP) 관리, 도시혁신스쿨 교육 사업까지
다양한 업무를 해 오고 있다.

이은경 매니저의 전공은 건축공학이다. 대학 입학 후 3년쯤 지났을 무렵, 그녀는 갑자기 인생에서 길을 잃어 버렸다. 건축이라는 세계가 적성에 잘 맞을지, 취업해서 즐겁게 일할 수 있을지 확신이 들지 않았기 때문이다. 미래에 대한 불안감은 휴학이라는 선택으로 이어졌고, 그렇게 방황이 시작되었다. 그녀는 집 밖에 나가지 않고 혼자 끙끙 앓았다. 앓는 마음은 조금씩 무너져 갔다.

그런 그녀를 세상 밖으로 꺼낸 것은 친구의 전화 한 통이었다. "한국해비타트 봉사활동 하러 가지 않을래?" 처음 듣는 한국해비타트라는 이름도 낯설고, 봉사하러 갈 마음 상태도 아니었지만 그녀는 왠지 모르게 가겠다고 답해 버렸다. 막상 대답하고 나니 다른 것은 생각나지 않았다. 그저 봉사 장소인 천안까지 어떻게 가야 하나 고민될 뿐이었다. 그렇게 친구와 새벽 첫차를 타고 천안으로 향했다. 한국해비타트 현장이 교외에 있다 보니 가는 내내 논밭이 계속 나왔다. 똑같은 풍경을 계속 보고 있노라니 문득 이런 생각이 들었다.

'이 새벽에 내가 뭐 하는 거지?'

그날 이은경 매니저가 현장에 도착해서 했던 일은 지붕 밑에 판넬을 끼우는 작업이었다. 스태프의 설명을 듣고 열심히 따라 했다. 작업을 하면서 대단한 뿌듯함이나 성취감을 느낀 것은 아니었지만, 오랜만에 일하며 흘리는 땀이 좋았다. 늘 길게만 느껴졌던 하루가 그날은 유독 짧았다.

일을 마치고 집으로 돌아와 침대에 누웠다. 그때 그녀는 마음속 깊은 곳에서 일어나는 동요를 눈치챘다. 이 세상에 태어난 이유가 없는 것 같고, 가치가 없다는 생각 때문에 무너져 있던 마음이 알 수 없는 뭉클함으로 차오른 것이다. 마음에 차오른 뭉클함은 이런 생각으로 이어졌다.

'내가 태어난 이유가 있을 수도 있겠다, 나는 가치 있는 사람이다, 누군가를 돕게 하고자 나를 이 땅에 보내 주셨구나.'

그렇게 이은경 매니저는 인생의 터닝포인트를 맞이했다.

그날은 한국해비타트 안전모를 썼던 두 친구의 인생을 바꾸었다. 당시 방황하며 공무원 준비나 해야겠다고 생각했던 이은경 매니저는 한국해비타트의 직원이, 한국해비타트 직원이 되기를 꿈꾸며 그녀에게 봉사활동 하러 가자던 친구는 공무원이 된 것이다. 이은경 매니저는 웃으며 말했다.

"아무래도 그날 한국해비타트 안전모를 쓰면서 친구랑 인생이 바뀐 것 같아요. (웃음)"

자신의 인생에서 한국해비타트가 터닝포인트가 되었듯, 이은경 매니저는 지금 집을 통해 누군가의 인생이 바뀌길 바라며 일하고 있다. 그녀의 말처럼, 집이 누군가의 인생을 바꿀 수 있을까?

아이들에게 일어난 변화

한국해비타트 안전모를 썼던 그날이 이은경 매니저의 인생에서 터닝포인트가 되었던 것처럼, 한국해비타트는 누군가의 삶에 변화가 일어나길 기대한다.

한국해비타트를 통해 변화되는 대상은 누구일까? 가장 먼저 떠오르는 것은 입주가정이다. 그러나 변화의 주체는 입주가정만이 아니다. 누군가는 현장에서 땀 흘리며 봉사한 경험을 통해 세상을 바라보는 눈이 달라지기도 하고, 누군가는 일터에서 열심히 일해 번 돈으로 후원하며 세상에 따뜻함을 전하는 방법을 배우기도 한다. 즉, 한국해비타트와 인연이 있는 모든 이에게 변화가 일어난다는 것이다. 다만 한 가지 차이점이 있다면 자원봉사자와 후원자가 겪는 변화는 눈에 보이지 않을 수 있지만, 입주가정이 겪는 변화는 즉각적으로 보인다는 것.

"집이라는 환경이 바뀌면 삶에서 작은 변화들이 일어나요. 웃지 않던 누군가가 웃게 되기도 하고, 삶의 원동력을 얻기도 하고, 나아가 희망이 되기도 하고요. 특히 어린아이들일수록 변화가 더 큰 것 같아요. 별것 아닌 것 같은 작은 변화가 어쩌면 누군가의 인생을 바꿀지도 모르겠어요. (웃음)"

어린아이들에게 나타나는 변화는 어떤 것일까? 이은경 매니저는 한부모가정을 대상으로 했던 사업 이야기를 들려주었다.

"어머니 혼자 장애가 있는 아들과 초등학생 딸을 키우던 한부모가정이었어요. 형편이 어렵다 보니 좁고 낡은 반지하에서 살고 있었죠. 엉망인 화장실, 낡은 방범창, 오래된 싱크대, 군데군데 뜯어진 벽지. 전체적인 공사가 필요한 집이었어요.
공사가 다 끝난 후 어머니를 만났는데, 그때 어머니가 저한테 물으시더라고요. '혹시 어렸을 때 학습지 해 보셨나요?' 그래서 해 봤다고 말씀드렸어요. 그랬더니 그 어머니가 하시는 말씀이, '그거 아세요? 학습지는요, 선생님이 집에 와서 가르쳐야 해요. 그러니까 선생님에게 집을 보여 줄 수 있는 집에서나 학습지를 신청할 수 있는 거예요.'라고 하시더라고요."

학습지는 집에서 매일 정해진 분량을 풀면, 일주일에 한 번씩 선생님이 집으로 와서 채점을 하고, 틀린 문제를 설명해 주는 방식으로 이루어진다. 선생님이 집으로 오기 때문에 널브러져 있던 책과 옷을 치우고 선생님과 마주 앉을 공간을 마련하는 정도의 수고는 필요하지만, 옆집 아이나 앞집 아이도 할 만큼 비교적 대중적인 사교육이다. 그런데 누군가는 집 때문에 그리 특별하지 않은 학습지를 포기하기도 한다.

"저도 그 얘기를 듣기 전까지는 한 번도 집 때문에 학습지를 못할 수 있다는 생각을 해 본 적이 없는 것 같아요. 그동안 초등학생 딸이 학습지를 하고 싶다고 많이 졸랐대요. 사실 저소득 한부모가정이면 교육비를 지원받을 수 있어서 얼마든지 신청할 수 있는데도 그동안 집이 너무 창피해서 학습지를 신청할 수 없었던 거죠. 그래서 집 고치기 공사 후 제일 처음에 한 일이 학습지 회사에 전화하는 거였다고 하시더라고요. 그때 알았어요. 누군가에게는 학습지를 신청하는 것조차 어려운 일일 수 있다는걸요. 어머니의 이야기를 들으며 둘이 손 붙잡고 울었어요.
그리고 딸이 그동안 친구를 집에 데려오는 일이 없었는데, 공사 후에 친구를 초대했다고 하더라고요. 누군가에게는 평범한 일이겠지만, 그 아이에게는 엄청난 변화였을 거예요."

아이에게 집의 변화는 단순히 학습지 신청, 친구를 데려오는 일을 넘어서 자존감을 회복시켜 주는 일이었다. "집, 모든 희망이 시작되는 곳"이라는 한국해비타트의 슬로건처럼, 한국해비타트가 그 아이에게 선물한 것은 집이 아니라 희망이었다.

"이런 경우도 있었어요. 한국해비타트 마을에 입주한 가정이었는데, 아이가 한 명 있었어요. 그런데 그 아이가 기저귀를 착용할 나이가 아님에도 계속 대소변을 못 가렸대요. 살던 집의 화장실이 공용화장실인 데다가 재래식 화장실이었던 거죠. 낮에도 무서운데 밤에 화장실에 가려니 아이가 얼마나 무서웠겠어요. 그런데 한국해비타트에서 지은 집에 입주한 후로 그 아이가 대소변을 가리게 되었다고 하더라고요. 집이라는 환경이 바뀌면서 아이의 심리적인 부분까지 변화가 일어난 거예요."

기저귀를 떼고 대소변을 가리는 것은 아이에게 엄청난 도전과제다. 바지에 실수한 아이의 얼굴에는 세상을 잃은 것 같은 표정이 담겨 있다. 부끄러움과 당황스러움, 자신에 대한 실망감, 패배감 등의 온갖 부정적인 감정들. 이 감정들이 몇 번의 경험으로 끝나면 다행이지만, 오랫동안 반복된다면 아이의 마음에 큰 상처로 남게 된다. 또래 아이들이 모두 이겨낸 도전과제 앞에 홀로 서 있던 아이가 느꼈을 좌절감은 상상하기 어렵다. 그런데 그것을 무너뜨린 것은 유명 아동 전문가의 상담이나 심리치료가 아닌 깨끗한 화장실이 있는 집이었다.

"한 집 더 소개해도 될까요? (웃음)"

이은경 매니저의 표정에는 아직 할 이야기가 쌓여 있었다. 그녀는 다문화가정 사업 이야기를 들려주었다.

"요즘 다문화가정이 정말 많아요. 저희가 다문화가정의 집을 고치는 사업도 하는데, 그중 한 가정의 이야기예요.
아버지는 30대 중반의 한국인, 어머니는 베트남인, 아들은 유치원생인 다문화가정이었어요. 어머니가 한국말을 잘 못하셨지만 밝게 지내셨는데, 아이를 낳은 후 산후우울증에 걸리셨어요. 고향에 있는 가족들도 보고 싶고, 혼자서 육아를 하다 보니 많이 힘드셨나 봐요. 베트남에 계신 친정어머니와 언니까지 오셨는데도 상태가 나아지지 않았대요. 그러다 결국 조현병 증상까지 보이게 됐다고 해요. 저희가 그 집에 갔을 때 어머니가 계속 멍한 상태로 앉아 계시더라고요."

마음의 병을 앓고 있는 엄마와 하루종일 함께 지내는 아이. 아이 또한 상황이 그리 좋지 않았다. 아이는 말을 제대로 배우지 못하고, 사회성도 기르지 못해 유치원에서 친구들과 어울리지 못했고, 지적 능력이 또래에 비해 떨어졌다. 곧 학교에 가야 하는 아이가 걱정되었다.

> "저희가 처음 집에 갔던 날, 아이가 혼자 집 마당에서 장난감 자동차를 타고 있었어요. 보통 마당에서 장난감 자동차를 타며 하루를 보낸다고 하더라고요. 한창 또래와 어울려 놀아야 할 아이가 혼자 있는 걸 보니 안쓰러웠어요. 마당 한구석에 멍하게 앉아 있는 엄마와 하루 종일 혼자 노는 아이. 아이에게는 그 집과 조그마한 마당이 세상의 전부일 수도 있겠다는 생각이 들더라고요."

조현병에 걸린 엄마와 마당에서 혼자 하루를 보내는 아이가 사는 그 집 또한 열악했다. 집 안에 목욕 시설이 없어서 간단히 세수만 할 수 있는 수돗가가 전부였으며, 비위생적인 재래식 화장실까지. 특히 집 밖에 있는 재래식 화장실은 유치원생 아이가 혼자 이용하기에 위험했다. 또한 집이 오래되어 천장마저 무너져 내리고 있었다.
그러나 무너져 내린 것은 천장뿐만이 아니었다. 아픈 아내와 아이를 바라보는 아버지의 마음도 조용히 무너져 내리고 있었다. 이 가정에는 도움의 손길이 절실히 필요했다.

마당 한구석에 멍하게 앉아 있는 엄마와
거기서 하루 종일 혼자 노는 아이.
아이에게는 그 집과 조그마한 마당이
세상의 전부일 수도 있겠다는 생각이 들더라고요.

한국해비타트는 이 가정에 도움의 손길을 내밀었다. 천장 수리, 단열, 화장실, 도배, 장판, 창호, 싱크대까지 전반적인 수리가 진행되었다.

"집이 깨끗해지고 좋아지니까 아버지와 어머니도 물론 좋아하셨지만, 아이가 굉장히 좋아했어요. 처음 만났을 때보다 엄청 밝아지고요. 환하게 웃으며 저랑 같이 사진도 찍었어요. (웃음)"

집 수리 후 일어난 가장 빠른 변화는 아이의 표정이었다. 아이는 수줍게, 때로는 활짝 웃었다. 그러나 향수병과 산후우울증을 앓는 엄마의 표정에는 여전히 그늘이 남아 있었다. 엄마에게는 다른 도움이 필요해 보였다. 예를 들면, 심리치료 같은 것.

"마음이 아픈 어머니를 위해 사회복지사님께 지속적인 관심과 지원을 부탁드렸어요. 집이 깨끗해지고 좋아졌으니까 이를 계기로 마음까지 회복되길 바라는 마음으로요. 언젠가 어머니도 활짝 웃으시겠죠? 모두의 마음이 회복되어 그 아이가 좁은 집과 마당을 벗어나 친구들과 마음껏 뛰어노는 날이 왔으면 좋겠어요."

사춘기 소녀의 변화

집이라는 환경의 변화는 사춘기 소녀에게도 영향을 주었다.

> "축사 농장 바로 앞에 있는 컨테이너 박스 집에서 사는 아버지와 어머니와 딸, 그리고 뇌전증을 앓고 있는 아들 가정이 있었어요. 컨테이너 박스는 단열이 거의 안 된다고 보시면 돼요. 여름에는 덥고, 겨울에는 춥죠. 이야기를 들어 보니 여름에는 너무 더워서 밖에 텐트를 쳐 놓고 잔다고 하더라고요. 또 축사 앞에 집이 있다 보니 냄새도 심하고, 소들이 사료를 먹을 때 사료통을 치는 소리 때문에 소음도 심했대요. 주거환경이 좋지 않으니 두 아이 모두 아토피가 심해서 한여름에도 긴팔 옷을 입어야 할 정도였어요.
> 당시 큰딸이 초등학교 고학년이었는데, 이런 집에 산다는 걸 친구들한테 보이기 싫었나 봐요. 그래서 학교 끝나면 집 방향으로 오지 않고 변화가 쪽으로 멀리 돌아서 오곤 했대요. 누가 집이 어딘지 알까 봐요. 그래서인지 저희가 처음 갔을 때도, 공사 초반에도 저희에게 벽을 두는 느낌이었어요. 저희를 봐도 보는 척 마는 척하더라고요."

여름이면 안보다 밖이 더 시원한 집, 축사에서 나는 냄새로 가득한 집, 거기다 반팔을 입기 어려울 정도로 심한 아토피,

그리고 아픈 동생. 큰딸이 마음의 문을 닫은 것은 사춘기 탓으로만 보기 어려웠다.

집에 대한 전반적인 공사가 시작되었다. 컨테이너 박스가 아닌 단열이 잘 되고, 화장실도 깨끗한 제대로 된 집으로 탈바꿈하기 시작한 것이다. 그러자 보는 척 마는 척하던 큰딸이 언젠가부터 한국해비타트 직원들의 주변을 서성이기 시작했다.

> "공사가 시작되고 나서 시간이 좀 지나니까 큰딸이 저희 곁을 맴돌기 시작했어요. (웃음) 조금씩 이야기도 나누고요. 그러다가 저희가 큰딸에게 인터뷰를 요청했는데, 그날 일기 제목이 '떨리는 첫 인터뷰'였다고 하더라고요. 내용은 '우리 집이 얼른 예쁘게 변했으면 좋겠다. 우리 집이 바뀔 걸 상상하면서 하루를 보낸다.'였대요. (웃음)"

그렇게 사춘기 소녀는 마음의 문을 열었다. 공사가 끝났을 때, 큰딸이 한 가지 부탁을 했다.

> "공사가 끝나고 다음 날 최종 점검만 남은 상태였어요. 큰딸이 저희에게 헤어지기 전 인사하고 싶다고, 학교 끝나면 뛰어올 테니까 그때까지 꼭 기다려 달라고 하더라고요. 사실 저희는 다음 일정이 있어서 빨리 점검하고 가야 하는 상황이

라 어쩔 수 없이 건축팀장님만 남아서 큰딸이 올 때까지 기다리셨어요. 건축팀장님이 대표로 마지막 인사를 하고 헤어지려고요. 멀리서 큰딸이 숨을 헐떡거리며 뛰어오는데, 건축팀장님이 정말 뭉클했다고 하시더라고요."

큰딸은 학교 수업이 끝난 후 조금이라도 빨리 집에 와야 했기에 그날만큼은 번화가 쪽이 아닌 지름길로 뛰어왔다.

"그동안 누가 집이 어딘지 알까 봐 번화가 쪽으로 빙 돌아서 하교했던 큰딸이 이제 지름길로 집에 올 수 있겠다 싶었어요. 그 친구가 저희에게 마음의 문을 연 것처럼, 앞으로도 그렇게 살아갔으면 좋겠어요."

그동안 누가 집이 어딘지 알까 봐
번화가 쪽으로 빙 돌아서 하교했던 큰딸이
이제 지름길로 집에 올 수 있겠다 싶었어요.
그 친구가 저희에게 마음의 문을 연 것처럼,
앞으로도 그렇게 살아갔으면 좋겠어요.

수혜자에서 후원자로

집은 누군가에게 절망의 이유가 되기도 하지만, 희망의 이유가 되기도 한다. 사람마다 희망이 나타나는 모습은 다르지만, 한 가지 분명한 것은 그들의 마음에 희망이라는 씨앗이 심겨졌다는 사실이다.

"주거 환경 개선 사업을 하면서 많은 분들을 만나는데, 대부분 희망을 갖게 됐다는 이야기를 하세요. 또 수리된 집을 계속 깨끗하게 유지하고 싶은 마음을 가지시더라고요. 그 마음은 단순히 집뿐만 아니라 마음의 변화로까지 이어지고요. 이 집에서 앞으로 더 잘 살아 봐야겠다는 마음, 세상에 한 발 더 나아가야겠다는 마음, 그리고 다른 사람을 도와주는 사람이 되고 싶다는 마음으로까지요."

이은경 매니저는 실제로 입주가정의 자녀가 성인이 되어 후원을 시작한 이야기를 들려주었다.

"제가 후원 관리 업무를 할 때였어요. 후원신청서를 확인하다가 후원 동기에 자신이 입주가정의 자녀인데, 대학생이 되어 아르바이트를 한 돈으로 후원을 시작하게 됐다는 글을 보

게 됐어요. 적은 금액이지만 누군가를 돕는 데 쓰고 싶다고,
자신이 받았던 혜택을 다른 사람에게 나누고 싶다며 후원을
신청했더라고요. 그 사연을 보고 직원들 모두 감동받아서
울었어요."

후원 동기를 본 직원들의 눈시울이 붉어졌다. 후원신청서를 받을 때마다 늘 고마운 마음에 코끝이 시려 오지만, 그 후원 신청서는 유독 시린 코끝을 참을 수 없게 했다. 입주가정의 자녀가 후원을 신청한 것이 눈물을 흘릴 만큼의 감동으로 다가왔던 특별한 이유는 무엇일까?

"사실 입주가정의 아이들이 새집에 입주한 후 상처를 받는
경우가 있어요. 엄마, 아빠를 따라 새집으로 이사해서 마냥
좋아했는데, 어려운 사람들이 사는 집이라는 주변의 시선을
느끼면서 상처를 받게 되는 거죠. 아이들은 친구들의 놀림
뿐만 아니라 어른들의 차가운 시선까지도 견뎌 내야 해요.
특히 사춘기 시기에 이런 경험을 하면 더 민감할 수 있어요.
그런데 후원을 시작한 그 친구는 고맙게도 상처로 받아들이
지 않고 받은 혜택을 돌려주려는 사람으로 자랐더라고요.
그냥 그게 너무 고마웠어요. 누군가를 돕는 멋진 어른으로
자라 주어서요."

누군가에게 전한 호의가 퇴색되거나 변질되지 않고 마음에 온전히 닿았을 때, 호의를 전한 사람이 느끼는 고마움이 있다. 그 호의에는 받는 사람을 향한 배려와 진심이 담겨 있기 때문이다. 이은경 매니저와 동료들이 흘렸던 눈물은 배려와 진심이 담긴 호의가 낳은 또 다른 희망에 대한 감사였다.

집 그리고 한국해비타트

고된 하루의 끝자락에 맞이해 줄 곳이 있다는 것만으로도 위로가 될 때가 있다. 지친 몸을 누이며 쉼을 누리는 곳, 그리고 내일을 준비하는 곳. 그곳은 바로 '집'이다.

> "누구나 하루에 한 번은 쉼표가 필요하잖아요. 그런데 하루를 보내고 집에 와서 누웠을 때 집에 구멍이 나서 찬 바람이 들어와 너무 춥다거나, 곰팡이나 벌레, 쥐 때문에 건강에 위협이 된다거나, 화장실이 없다거나 하는 등의 이유로 정상적인 생활이 어려워진다면 제대로 쉼을 누릴 수 없게 되는 것 같아요. 그런 집은 안락하다고 말할 수 없죠. 또 집이 없거나 너무 좁아서 가족이 흩어져야만 한다면 그 또한 안락하다고 말하기 어려울 거예요. 한국해비타트는 가족이 함께 거주할

집이 없거나 열악한 환경으로 인해 위협당하는 가정을 위해 공간을 제공해요. 가족들이 아침에 같이 눈을 뜨고, 각자 하루를 보내다가 다시 밤이 되면 집에 모여서 쉬며 그날 하루를 마감하는 소소한 일상을 지켜내도록요."

'생활에서 충분한 만족과 기쁨을 느끼어 흐뭇함, 또는 그러한 상태'를 뜻하는 단어가 있다. 그것은 바로 '행복'이다. 행복의 사전적 의미를 미루어 보건대, 어쩌면 일상에서의 소소한 기쁨들이 행복이라는 이름으로 불리는 것 같다. 그리고 우리의 소소한 일상을 지켜 주는 그 공간은 '집'이라는 이름으로 불린다.

"아침에 일어나면 이불부터 개라는 이야기를 들은 적이 있어요. 그래야 저녁에 다시 집으로 돌아왔을 때 정돈된 침대를 보면서 내일의 또 다른 나를 기대하며 잘 수 있다고요. 저희가 하는 일은 정돈하고 싶은 침대를 만드는 일인 것 같아요. 그분들이 정돈하고 싶은 마음이 들 수 있게, 내일의 나를 기대하면서 편히 쉴 수 있게요. 이런 게 저희가 드리고 싶은 희망인 것 같아요."

누군가에게 일상에서 누리는 행복과 삶에 대한 희망을 심어 주는 일. 활짝 웃는 이은경 매니저의 표정에서 일에 대한 자부심과 애정이 느껴졌다.

"한국해비타트 직원이 된 것, 이렇게 일할 수 있다는 것 모두 감사해요. 입사한 지 11년이 되었지만, 아직도 아침에 약수역 10번 출구 계단을 오를 때마다 '빨리 출근해서 일해야지.' 하는 생각을 해요. 정말 감사한 일이죠. (웃음) 이런 마음은 저뿐만이 아닐 거예요. 저희는 비영리단체니까 일반 직장과는 조금 다를 수 있어요. 아마 한국해비타트 직원 모두가 마음에 자기만의 한국해비타트를 세우고 있을 거예요. 그런 마음이 없으면 계속 일하기 쉽지 않으니까요.
그리고 무엇보다 입주가정의 변화가 저희에게 큰 동력이 돼요. 그분들의 표정에서 희망이라는 단어가 보이거든요. 앞으로도 많은 분에게 희망을 전해 드리고 싶어요. (웃음)"

그때 깨달았어요
사람도 같이
바뀌어야 한다는 걸요

한국해비타트 오승환 매니저

입사 5년차 오승환 매니저는 한국해비타트에서
주거 환경 개선 사업, 마을뚝딱스 업무를 담당하고 있다.

오승환 매니저는 한국해비타트 입사 전, 기독교 선교단체에서 일하며 신앙 안에서 청년들을 세우는 일을 했다. 그는 청년들을 도우며 그들과 함께하는 것이 좋았고, 그들이 성장하는 모습을 보는 것이 좋았다.

그러나 10년쯤 지났을 무렵, 그는 청년들이 아닌 자신의 성장에 대해 고민하게 되었다. 보통 선교단체 간사들은 신학을 공부하는 경우가 많았기 때문에 신학을 공부할까도 고민했지만, 그는 다른 분야를 개척하고 싶었다. 건축, 오승환 매니저는 대학 전공인 건축을 떠올렸다. 그는 건축이라는 전문성을 갖기 위해 한국해비타트 목조건축학교로 달려갔고, 그렇게 한국해비타트에 몸담게 되었다.

5년이라는 길다면 길고 짧다면 짧은 시간 동안 한 달에 2~3주는 지방 출장으로 집을 비워야 했지만, 오승환 매니저는 전국 곳곳을 누비며 열악한 집들을 고쳤다. 그는 한국해비타트에서 수리한 집을 바라보는 사람들의 얼굴에서 희망을 보는 것이 좋았고, 희망을 품고 일어서려는 그들을 돕는 것이 좋았다.

그러나 현장에서 만난 사람들의 얼굴에서 희망이라는 단어만 본 것은 아니었다. 집이라는 환경이 바뀌면 사람들의 마음에까지 영향을 미치는 경우가 대부분이지만, 간혹 잘 고쳐놓은 집이 바뀌지 않는 생활 습관으로 인해 다시 예전의 모습으로 돌아가는 경우도 있었기 때문이다.

> "집이 아무리 좋아져도 사람의 마음이 바뀌지 않으니 원래대로 돌아가더라고요."

결국 중요한 것은 집이 아니라 거기서 살아가는 사람이었다.

선교단체에서 10년간 일했던 그가 사람을 변화시키는 것이 얼마나 어려운 일인지 모를 리 없었다. 그러나 그는 포기하지 않고 자신이 할 수 있는 일을 찾아 나아가고 있다. 집뿐만 아니라 사람도 같이 바뀌어야 한다는 것을 경험한 그는, '관리'라는 단어를 떠올렸다. 집을 관리하는 사소한 행동을 통해 집에 대한 애정을 갖게 하고, 나아가 자신의 삶에도 애정을 갖길 바라면서 말이다. 비록 원하는 만큼의 성과가 나타나지 않더라도, 그 일에 오랜 시간이 걸리더라도 그는 포기하지 않고 묵묵히 걸어가고 있다.

주거 환경 개선 사업

오승환 매니저가 전국 곳곳을 누비며 해 온 주거 환경 개선 사업은 쉽게 말하면 리모델링이다. 리모델링이라고 하면 '우와!'라는 말이 절로 나오는 감각적이고 세련된 인테리어를 떠올리게 되지만, 한국해비타트의 리모델링은 그 개념이 다르다. 자기만족이나 상업성을 높이기 위해 하는 리모델링이 아니라 삶의 질을 높이거나 안전을 위해 꼭 필요한 부분을 고치는 작업이기 때문이다. 그래서 대부분의 주거 환경 개선 사업은 반지하 집, 판잣집, 무허가 집 같은 곳에서 이루어진다.

"현장에 가 보면 리모델링이 꼭 필요하다 싶은 집들이 많아요. 몸이 불편해서 일을 하실 수 없는 생활보호대상자 할머니가 계셨어요. 그런데 그 집은 단열이 거의 안 되고, 심지어 보일러가 아예 없었어요. 전기난로와 전기장판으로 겨울을 나고 계셨어요. 보일러를 설치하려면 100만 원 이상이 필요한데, 그분에게는 100만 원이 너무 큰 금액이었던 거죠. 어떻게 보일러를 설치하더라도 그다음이 문제인 거예요. 보일러에 기름을 넣으려면 또 돈이 들어가니까요. 그냥 이대로 살다 죽어야지 하시더라고요.

또 어떤 할머니는 도로 바로 앞에 있는 집에서 살고 계셨어요. 그런데 방음이 전혀 되지 않아 40년 넘게 자동차 소음으로 시끄러운 나날을 보내셨대요. 제가 갔을 때가 낮이었는데, 지나가던 자동차가 경적을 울리면 그 소리가 집 안까지 들어올 정도였어요. 또 방풍이 되지 않아 겨울이면 모자를 쓰고 자야 할 정도로 찬 바람이 많이 들어오는 집이었어요.

또 어떤 집은 50년이 넘어서 지붕에서 물이 새고, 장판이나 벽지가 오래돼서 뜯기고 냄새도 심했어요. 화장실은 재래식이고요. 이런 집들이 생각보다 많아요."

열악한 집을 고쳐 주는 사업은 정부에서도 진행하고 있다. 그러나 그럼에도 불구하고 한국해비타트가 주거 환경 개선 사업을 진행하는 것은 한국해비타트의 집 짓기 사업이 정부의 손길이 닿지 않는 사람들을 위해 행해지기 때문이다. 아무리 손을 내밀어 도움을 주어도 도움의 손길을 기다리는 이들이 여전히 많이 있다.

"정부에서도 어려운 분들을 위해 이런 사업을 해요. 그런데 많은 주민들에게 형평성 있게 지원하려다 보니 한 세대당 지원되는 금액이 적을 수밖에 없어요. 그래서 지원받았던 집에 가 보면 모자이크처럼 여기 도배 조금, 저기 도배 조금 이런 식으로 되어 있는 경우가 많아요. 그런데 이렇게 공사가 진행되면 많은 분들이 혜택을 받으실 수는 있지만, 여러 번 공사를 해도 전체적으로 바뀐다는 느낌이 없어서 지원을 받는 주민의 만족도가 떨어져요. 그래서 저희는 전체적으로 좋아졌다고 느낄 수 있게 공사를 하고 있어요. 다수의 세대에게 형평성 있게 지원하기보다는 한 세대를 제대로 지원한다고 보시면 될 것 같습니다."

정부의 사업이 양적인 부분에 집중된다면, 한국해비타트의 주거 환경 개선 사업은 질적인 부분에 치중하기에 두 기관은 서로의 장단점을 보완한다.
그렇다면 한국해비타트의 주거 환경 개선 사업의 예산은 얼마일까? 한 집 당 얼마의 예산으로 공사가 진행되어야 전체적으로 좋아졌다고 느낄 수 있을까?

"저희가 기본적으로 주거 환경 개선 사업을 할 때는 2천만 원 정도로 예산을 잡습니다. 이 금액으로 기본적으로는 도배, 장판, 창호, 전기 공사를 하고요, 전등 교체나 바닥 배관 공사라든지 보일러 교체 등 대부분의 공사를 다 할 수 있다고 보시면 됩니다."

많다면 많고, 적다면 적은 2천만 원. 그러나 이 금액은 누군가의 삶의 질을 높이는 데 있어서 필요한 최소한의 비용이다. 보통 리모델링을 하다 보면, 하고 싶은 것이 계속 늘어나서 결국 예산과 하고 싶은 것 사이에서 선택해야 하는 순간이 오기 마련인데, 이는 한국해비타트도 마찬가지다. 그러나 한국해비타트에는 명확한 1순위 작업이 있다. 그것은 바로 안전과 관련된 공사이다.

> "무조건 안전이 최우선이에요. 안전과 관련된 공사를 가장 우선순위에 두고, 다음에는 주민의 의견을 수렴해서 원하시는 공사를 하는 편이에요. 안전에는 문제가 되지 않으나 집이 많이 노후되어 있는 경우, 보통 가장 심각한 문제는 누수예요. 집 안을 다 수리해 봤자 물이 새 버리면 도배, 장판 등이 다 망가져서 아무 소용이 없거든요. 또 너무 춥다고 하시면 단열공사나 창호공사를 해 드리고요. 내부뿐만 아니라 외부 공사를 할 때도 있어요. 예를 들면 슬레이트 지붕 같은 경우는 환경부에서 슬레이트 철거까지 해 줘요. 하지만 다시 지붕을 덮어씌울 때는 공사비가 들어가니까 저희가 지붕 공사를 지원해 드리기도 해요."

안전과 관련된 공사를 최우선으로 진행한 다음에는 남은 예산 안에서 주민들의 의견을 수렴해 필요한 공사를 제안한다. 그러나 전문가의 의견과 실제 주민들의 필요 사이에는 늘 간격이 존재한다. 서로 생각하는 공사가 다르기 때문이다. 이 과정을 떠올리는 오승환 매니저의 표정에서 그가 겪었을 난처함과 어려움이 고스란히 전해졌다.

> "아, 이게 쉽지 않아요. (웃음) 실제로 다른 공사가 더 필요해 보이는데, 주민들이 원하시는 부분은 다른 경우가 많아요. 그래서 주민들이 원하시는 공사와 저희가 볼 때 꼭 해야 하는 공사를 조율하는 것이 굉장히 중요해요. 예를 들면 저희가 보기에는 단열공사가 필요해 보이는데, 그냥 도배, 장판만 해 달라고 요청하시는 분들이 계세요. 단열이 하나도 안 되어 있는데도 그 환경에 너무 익숙해져서 불편한 점을 모르시는 거죠. 그런 분들에게는 원하시지 않아도 단열공사를 제안해서 해 드려요. 그러면 보일러를 조금만 틀어도 예전보다 더 따뜻함을 누리실 수 있으니까요. 반면 어떤 분은 하고 싶은 공사가 너무 많아서 선택하는 게 어렵기도 하고요. 집마다 상황이 달라요."

정해진 예산 안에서 주민들의 의견을 모두 수렴할 수 있다면 좋겠지만, 현실은 그렇지 못하다. 때로는 주민들을 설득해야 했고, 때로는 타협해야 했다. 이 일은 오승환 매니저뿐만 아니라 한국해비타트 직원들이 가장 난감해하는 일이기도 하다.

그렇다면 주민들에게 제안했을 때 만족도가 높은 공사는 무엇일까?

> "싱크대 교체요. (웃음) 싱크대 교체는 안전과 관련된 부분은 아니지만, 어머님들이 많이 좋아하세요. 실제로 싱크대 교체가 생각보다 많이 비싸서 바꾸기 쉽지 않거든요.
> 또 외부 도장 페인트칠도 만족도가 높아요. 그런 부분들은 주민들의 자존감과 연결되더라고요. 생각보다 그런 부분들을 요구하시는 주민들이 꽤 많아요. 집이 겉으로 보기에 안 좋아 보이는 게 민망하신 거죠."

타인에게 어떻게 보일까 신경 쓰는 것은 보통 들키고 싶지 않은 무언가가 있을 때 생기는 마음이다. 타인에게 보여 주고 싶지 않았던 집, 겉모습이라도 멀쩡하게 보이고 싶었던 집. 누군가에게 집은 그런 존재였다.

주거 환경 개선 사업은 삶의 질을 높이기 위해 시작한 것이었지만, 어떤 부분에서는 삶의 질이 아니라 주민의 내면까지 영향을 미치기도 했다. 집의 환경이 달라짐으로써 내면의 자존감을 높일 수 있었기 때문이다. 그리고 높아진 자존감은 삶에 대한 태도에도 영향을 주었다.

"공사하고 나서 삶의 질이 나아진 것에 대해 고마워하세요. 주거 환경이 좋아지니까 삶을 대하는 태도도 긍정적으로 바뀌고요. 정말 많은 분들이 감사의 인사를 전해 주셨고, 또 그런 분들을 보면서 저희도 힘을 얻었어요."

마음의 변화

오승환 매니저가 만났던 대부분의 사람들은 깨끗하고 좋아진 집을 보며 희망을 얻었다. 그러나 때로는 안타까운 경우도 있었다.

"아직도 기억에 남는 집이 있어요. 할아버지 혼자 살고 계시던 집이었는데, 집에 들어갔을 때 냄새가 너무 심한 거예요. 보니까 집 안에 화장실이 없어서 할아버지가 그냥 부엌에서 볼일을 보며 살고 계시더라고요. 문제는 화장실을 만들어 드리고 싶어도 그 집이 바위 위에 지어져 있어서 화장실을 만들기 어려운 상황이었어요. 보통 화장실을 만들려면 정화조를 설치하기 위한 토목공사가 필요한데, 바위 위에 지어진 집에 토목공사를 하려면 그 집을 새로 짓는 것만큼 많은 금액이 들어가요. 그래서 어쩔 수 없이 변기 대신 주방에 샤워기를 설치해서 소변 같은 경우는 집 안에서 해결하실 수 있게 해 드렸어요. 샤워기가 있으면 물로 흘려보내고 씻을 수 있으니까요. 그리고 집에 쓰레기가 많이 쌓여 있어서 폐기물도 다 치워 드렸어요. 도배, 장판까지 새로 해 놓으니 처음과 달리 집이 정말 깨끗해졌죠. 화장실을 만들지 못한 게 아쉬웠지만, 그래도 잘 관리하면 예전처럼 악취 속에서 지내지는 않으시겠다고 생각했어요.

"그런데 일주일도 안 돼서 원래대로 돌아갔어요. 여전히 할아버지는 씻지 않으셨고, 생활하시던 그대로 집을 사용하시니까 도배와 장판도 금방 더러워졌죠. 주방에 샤워기를 설치해 드렸지만, 계속 원래 하시던 대로 볼일을 보시더라고요."

한국해비타트는 집이 일으킬 나비효과를 기대한다. 대부분의 사람들은 집이 좋아지면 그 집을 잘 유지하기 위해 노력하게 되고, 이런 작은 노력들은 삶의 변화로 이어진다. 그러나 어떤 이에게는 한국해비타트의 노력이 작은 날갯짓으로 끝나고 말았다.

"할아버지를 보면서 마음이 아팠어요. 저희가 할 수 있는 최선을 다했지만, 이후 사용하시는 건 그분들의 몫이니까요. 그 집에 정부나 봉사단체에서 나눠 준 새 이불이 많이 있었는데, 할아버지는 여전히 세탁이 안 된 쓰던 이불을 사용하셨어요. 그게 편하시다고요. 집이 아무리 좋아져도 사람이 바뀌지 않으니 결국 원래대로 돌아가더라고요. 그때 깨달았어요. 집만 변화되어서는 안 되고, 사람도 같이 바뀌어야 한다는 걸요."

그의 표정에서 안타까움이 묻어났다. 사는 사람에게 집을 돌

보려는 마음이 없으니 아무리 집을 잘 고쳐도 소용이 없었다. 결국 사람이 변해야 했다.

오승환 매니저는 사람의 변화에 대해 고민했다. 그러다가 사람의 마음을 변화시키는 것은 어쩌면 사소한 행동의 결과일지도 모른다는 생각을 하게 되었다. 그는 고민 끝에 집을 관리하려는 마음에 집중하기로 했다. 집을 관리한다는 것은 집에 대한 애정을 기반으로 하기 때문이다. 무언가에 대한 애정은 삶의 큰 동력이 되기도 한다.

"집도 나이가 들면 고장 나요. 애정을 가지고 꾸준히 관리해 줘야 해요."

우리는 흔히 집을 한 번 고치고 나면 이후에는 문제 없이 잘 유지될 거라는 착각에 빠지곤 한다. 만약 수리한 곳이 또 고장 나면 잘못 고쳐서 그렇다고 생각하며, 수리한 사람의 실력을 탓한다. 하지만 사람도 나이가 들면 아픈 곳이 생기듯, 집 또한 늙어 간다. 아프면 병원에 가서 치료를 받고, 때가 되면 건강검진을 받는 것처럼 집도 꾸준한 관리를 필요로 한다.

"예를 들면 방수공사를 하면 계속 문제 없이 사용할 수 있다고 생각하시겠지만, 사실 5년 정도 보시면 돼요. 그 이후에는 방수에 문제가 생길 수 있어요. 방수공사를 한 곳에 햇볕이 많이 든다거나 위에 물건을 많이 올려놓는다거나 하면 어디 한쪽으로 물이 쏠려서 예상했던 것보다 더 빨리 방수성이 깨질 수 있어요."

사람도, 집도 비슷하다. 관심을 가지고 애정을 쏟으면 오래오래 건강할 수 있다는 것.

마을뚝딱스

집뿐만 아니라 사람의 마음을 변화시키고 싶었던 오승환 매니저의 간절한 바람은 '마을뚝딱스'라는 사업으로 이어졌다. '마을뚝딱스'는 지속 가능한 마을을 만들기 위해 청년 대학생과 주민들에게 집수리 교육 및 활동을 지원하여 이웃과의 관계를 회복하고 마을공동체를 활성화하는 프로그램이다.
'마을뚝딱스'의 슬로건은 "스스로의 힘으로, 다 함께 뚝딱"이다. 어떻게 하면 사람이 자발적으로 집을 관리하게 할 수 있을지 고민하면서 진행하게 된 사업이다. 혼자의 힘으로는 어렵지만, 공동체 안에서 누군가와 함께하는 것은 서로에게 큰 힘이 된다. 오승환 매니저는 관계를 유기적으로 연결해서 집을 관리하게 하고, 나아가 다른 사람을 도와줄 수 있게끔 사람을 세우고 싶었다.

"생각보다 사람에게 수동적인 부분이 많아요. 할 수 없어서 못하는 일도 있지만, 조금 노력하면 할 수 있는 일인데도 누가 해 주겠지 하는 마음으로 안 하는 경우도 있어요. 특히 도움을 받아 본 경험이 있는 분들이라면 더 그럴 수도 있고요. 하지만 저희가 아무리 집을 고쳐 드려도 그곳에 사시는 분들이 관리하지 않으면 결국 원점으로 돌아가거든요. 그래서 스스로 할 수 있는 일을 찾아 노력해 볼 수 있도록 도와드리고 싶었어요. 이게 얼마나 도움이 될까 생각하실 수도 있지만, 작은 성취감이 다른 일을 시도할 수 있는 원동력이 될 수 있고, 또 주변에 영향력을 미칠 거라고 생각해요."

그는 이 사업을 진행하기 위해 청년활동가를 모집했다. 선교단체에서 일했던 그는 누구보다 청년들이 가진 특별한 힘을 잘 알고 있었다. 그들은 에너지가 넘쳤고, 관계 맺는 것에 두려움이 없었다. 그리고 무엇보다 그들이 가지고 있는 큰 장점이 있었다.

"이 사업에 참여하는 분들 가운데는 나이 든 어르신들이 많아요. 그런데 어르신들은 청년들과 함께하는 활동 자체만으로도 좋아하세요."

마을뚝딱스는 한국해비타트 스태프들이 청년활동가를 교육시키면, 청년활동가들이 주민들에게 배운 것들을 알려 주는 방식으로 이루어진다.

"처음에는 현관문을 교체한다든지, 도배나 장판은 몇 년에 한 번씩 갈아야 하는지, 비가 와서 누수가 생겼을 때는 어떻게 해야 하는지 등을 알려드렸어요. 그런데 너무 어려워하셔서 조금 더 쉽게 접근했어요. 작은 가구 하나 만들 수 있는 정도로요. 주민들에게 재료와 공구를 나눠 드리고, 청년들에게 가르쳐 드리게 했어요. 지역 주민들과 나무로 피크닉 테이블과 고양이 집을 만들기도 하고, 수납 가구도 만들었어요."

가구를 만들어 보는 경험이 집을 관리하는 것과 무슨 상관이 있을까 생각할 수도 있지만, 오승환 매니저는 작은 경험을 통해 얻은 성취감이 줄 효과를 믿었다. 그리고 그것이 집에 대한 애정으로 이어지기를 바랐다.

하지만 사람의 마음을 변화시킨다는 것은 쉽지 않았다. 성취감이 집을 스스로 관리하는 마음으로 이어지기까지는 시간이 필요했다.

"생각보다 쉽지 않더라고요. 하지만 그래도 이제 마을뚝딱스라는 관계성이 생겼으니까 문제가 생기면 그냥 두지 말고 저희한테 물어보라고 말씀드렸어요. 그랬더니 저희 스태프들에게 연락을 주시기도 하고, 함께했던 청년들에게 물어보기도 하시더라고요. 아직 눈에 보이는 성과가 크지 않지만, 다행히도 저희의 노력이 청년들에게는 전해진 것 같아요. 참여했던 청년 중 한 명은 한국해비타트에 입사해 직원이 되었고, 한 명은 인턴으로 지원한다고 하더라고요. 더 열심히 해서 주민들에게도 저희의 마음이 전해지게 해야죠."

또 다른 주거취약계층, 청년

청년들에게 애정이 많은 오승환 매니저는 그들을 대상으로 하는 또 다른 사업을 꿈꾸고 있었다.

"제가 예전에 선교단체에서 청년들을 가르친 경험이 있어서

인지 청년에 대한 마음이 큰 것 같아요. 사실 한국해비타트는 모든 사람에게 안락한 집이 있는 세상을 꿈꾸는데, 집이 없는 사람들 중에는 청년들도 있거든요. 타지에서 대학에 다니느라, 대학 졸업 후 취업을 준비하느라, 학자금 대출을 갚느라 집 문제를 스스로 해결하기 어려운 상황인 청년들이요. 그들은 주거 문제만 해결된다면 충분히 스스로 일어설 수 있어요.
하지만 청년들보다 더 어려운 고령자들이 많기에 청년들의 주거 문제는 당장 접근하기 어렵죠. 하지만 앞으로 기회가 된다면 청년들의 주거 문제를 해결할 수 있는 사업을 해 보고 싶어요."

한국해비타트는 주거취약계층, 그중에서도 주거 문제만 해결되면 스스로 일어날 수 있는 사람들을 대상으로 한다. 주거취약계층이라고 하면 보통 어르신들이나 한부모가정 등을 떠올리게 되는데, 생각해 보면 청년들이야말로 집 문제만 해결되면 일어설 수 있는 주거취약계층이다.

"교육이나 취업을 생각할 때 청년들에게는 사람들이 많이 모여 있는 인프라가 필요해요. 그런데 청년들 입장에서는 그런 곳에서 살고 싶어도 집에 들어가는 비용이 너무 큰 거예요. 인프라를 포기하고 주거 비용이 낮은 곳으로 가려니 거기에는 일자리도 없고, 배움의 기회도 많이 없어서 고민하게 되는 거죠. 요즘 비혼이나 저출산이 심각한데, 주거 문제가 해결되지 않는다면 청년들이 결혼이나 출산을 꿈꾸기 더 어려워질 거예요."

정부에서도 청년들의 주거 문제를 해결하기 위해 임대주택 사업이나 전세금 대출 같은 지원을 하고 있지만, 공급과 수요가 맞지 않는 상황이다. 모든 청년들에게 혜택이 돌아가기에는 턱없이 부족하기 때문이다. 만약 한국해비타트에서 청년들을 위한 주거 사업이 진행된다면 어떤 형태일까?

"정부에서 임대주택과 같은 정책을 펴고 있지만, 그게 모든 청년들에게 혜택이 돌아가기에는 역부족인 상황이에요. 그래서 저희는 청년들에게 집을 주는 것이 아니라 장기간 부담 없이 거주할 수 있는 거주권을 주는 방안에 대해서 고민하고 있어요. 예를 들어, 서울시에 빈집들이 생각보다 많아요. 서울에 있는 빈집들을 정부에서 많이 구입한 상태인데, 현재 그 가운데 방치되어 있는 집들이 꽤 있어요. 청년들은 집이 없어서 문제고, 정부는 빈집들을 수리할 여력이 없어서 문제인 거죠. 만약 정부에서 저희에게 빈집들을 무상으로 임대해 준다면 저희가 청년들을 교육해서 스스로 고치게 만들고, 또 살면서 관리하게 하려고 해요. 그러다가 일정 기간이 지나면 다른 청년에게 그 집을 넘겨주고요. 아직 초기 단계인데, 잘 됐으면 좋겠어요."

조금이라도 보증금이 저렴하고 월세가 적은 집을 구하기 위해 발품을 팔고, 보러 간 집의 벽에 곰팡이의 흔적이 있는지부터 살피며, 도보 7분 거리라던 집이 실제로 도보 15분이더라도 어쩔 수 없이 계약을 하고, 매달 월세를 내기 위해 아르바이트를 하는 것. 이런 어려움을 겪어 본 사람이라면 청년들이 겪을 어려움을 충분히 공감하게 된다. 젊어서 고생은 사서도 한다지만, 집 때문에 겪는 어려움은 청춘들의 활기차고 뜨거운 에너지를 싸늘하게 식혀 버린다.

오승환 매니저는 오랫동안 청년들을 가까이에서 지켜보았기에 누구보다 그들의 어려움을 잘 알고 있다. 그는 한국해비타트 동료들과 함께 지금 이 순간도 청년들을 향한 애정과 응원을 마음에 품은 채 한 걸음씩 나아가고 있다.

사실 한국해비타트는 모든 사람에게
안락한 집이 있는 세상을 꿈꾸는데,
집이 없는 사람들 중에는 청년들도 있거든요.
그들은 주거 문제만 해결된다면
충분히 스스로 일어설 수 있어요.

사람 그리고 집

"집을 고쳐 드리다 보면, 더 좋은 집에서 살 수 있는 상황인데도 평생 살아온 집을 떠나지 않고 여생을 여기서 보내고 싶다고 말씀하시는 분들이 있어요. 자식들이 더 좋은 집으로 가서 사시라고 말씀드려도요. 그분들은 평생 살아온 그 집이, 동네와 이웃이 좋은 거예요. 그래서 더 좋은 컨디션의 집으로 이사할 수 있음에도 불구하고 그곳에서 사는 게 더 좋다고 하시죠. 그런 분들을 보면 부동산의 가치로는 비교할 수 없는 더 큰 가치의 집도 있다는 걸 생각하게 돼요. 마음 편하게 쉴 수 있는 내 집, 나의 손때와 추억이 담겨 있는 집, 그 집 안에서 누리는 소소한 행복 같은 것들이요. 그건 어떤 가치와도 비교할 수 없는 부분인 것 같아요."

시간이 쌓이며 더 소중해지는 것들이 있다. 매년 벽에 아이를 세워 놓고 쟀던 키, 집 안 곳곳에 숨겨진 낙서들, 그리고 손때 묻은 가구. 이렇게 집 안에 남겨진 흔적은 추억이라는 이름으로 남는다. 그러나 언제부터인가 집에 대한 새로운 가치가 생겨났다. 그것은 집값, 즉 부동산으로서의 가치이다.

"만약 부동산으로서의 가치가 높은 집을 가지고 있다면 집값이 올라갈 때마다 기뻐하겠죠. 하지만 제가 어려운 분들을 많이 봐서 그런지 나의 기쁨이 커지면 커질수록 다른 누군가에게 그 행복이 제한될 거라는 생각이 들 것 같아요. 집값이 오르면 누군가는 더 집을 갖기 어려워질 테니까요. 나의 기쁨이 누군가에게 어려움으로 다가온다면, 마냥 기뻐할 수만은 없을 것 같아요."

사실 한국해비타트는 자본주의의 나라인 미국에서 시작된 단체이기에 부동산의 가치가 중요한 포인트 중 하나가 된다.

"한국해비타트는 자선하는 단체가 아니라 자산을 주는 단체라는 말이 있어요. 저는 이 말이 되게 좋았거든요. 왜냐하면 한국해비타트는 집을 지어서 필요한 사람에게 주고, 장기간 무이자로 상환하게 한 후에 그 집의 소유권을 줘요. 집에 대한 상환이 끝나면 그 집을 팔아서 자산으로 만들 수 있죠."

한국해비타트도 부동산의 가치를 중요하게 여긴다. 그러나 부동산으로서의 가치보다 그 안에서 살아갈 사람을 먼저 생각한다는 점에서 차이가 있다. 한국해비타트가 생각하는 최우선은 '사람'이다.

"한국해비타트를 알기 전, 저에게 집은 삼각형 지붕에 네모 또는 몇억 아니면 몇십억이라는 와닿지 않는 재화의 가치였어요. 흔히 부동산이라고 표현하죠. 하지만 한국해비타트를 알고 나서는 그 집을 지은 사람, 그리고 집 안에서 사는 사람에게 집중하게 된 것 같아요. 이 네모 위에 삼각형 지붕을 올리기까지 얼마나 많은 사람들의 땀이 필요했을까, 그 집을 지으며 얼마나 많은 사람들이 고민했을까, 이 집이 지금처럼 관리되고 유지되기까지 어떤 마음과 노력들이 있었을까, 이 집에서 살아가는 사람들은 누굴까에 대해서요.

또 실제로 집은 공간을 만드는 도구잖아요. 그러니까 그 공간이 몇억, 몇십억의 가치를 가졌든 아니든, 그게 내 소유든 다른 사람의 소유든 그건 중요하지 않은 것 같아요. 집이 도구에 불과하다고 생각하면 우리 가족이 함께하고, 추위나 더위 같은 자연환경으로부터 가족의 건강을 지키고, 우리의 삶을 이어 나가는 것이 더 중요한 것 같아요. 가장 중요한 건 그 안에서 살아가는 사람이니까요."

오승환 매니저는 자신이 생각하는 안락한 집에 대해 이렇게 말했다.

"집은 추위, 더위, 눈, 비, 곰팡이, 벌레, 쥐 등의 외부 환경으로부터 보호받을 수 있는 곳이 되어야 해요. 지붕에서 물이 새거나 단열이 안 되거나 곰팡이와 벌레로부터 위협이 되는 환경이라면 안락함을 느낄 수 없겠죠. 그곳에 사는 사람의 건강도 지켜질 수 없고요. 그래서 신체적으로 안전하게 보호받을 수 있는 안락함이 필요한 것 같습니다.

또 집은 정서적으로 마음이 편안해지는 곳이어야 할 것 같아요. 하루를 보내고 돌아와 가족들과 함께 쉴 수 있는 집, 이건 사람에게 가장 기본적인 안락함인 것 같아요.

다음으로 경제적으로도 안락해야 할 것 같아요. 내 경제 수준보다 너무 높은 집을 가지고 있으면 대출이나 임대료 때문에 결국 안락함이 깨지는 것 같아요. 반대로 내 경제적 수준이 너무 낮아서 컨디션이 좋지 않은 집에서 살고 있다면 그 역시 경제적인 이유로 안락함을 누릴 수 없는 상황인 거고요. 한국해비타트는 경제적으로 어려워 집이 안정되지 않은 사람들이 경제적인 안락함을 누릴 수 있게 하자는 취지로 시작되었어요.

마지막으로 인간은 혼자 살아갈 수 없는 존재이기 때문에 주변 사람들과 관계를 맺으며 살아가야 해요. 다만 내가 안정되어야 타인을 돌아볼 수 있는 것 같아요. 우리가 주변을 돌아보아야 고독사 같은 비극적인 사건도 일어나지 않을 수 있고요. 그래서 관계적인 안락함도 중요한 것 같아요.

말하고 보니 안락함에 필요한 것들이 많네요. (웃음) 하지만 이 모든 게 너무도 당연한 것들이거든요. 모든 사람들이 이런 안락함들을 당연하게 누릴 수 있었으면 좋겠어요."

실제로 집은 공간을 만드는 도구잖아요.
그러니까 그 공간이 몇억, 몇십억의 가치를 가졌든 아니든,
그게 내 소유든 다른 사람의 소유든
그건 중요하지 않은 것 같아요.
가장 중요한 건 그 안에서 살아가는 사람이니까요.

건강하게
살아요.

동네 어르신
건강하시고
사랑합니다

밝고 고운
마음으로
즐겁게 살자

서울에서
오신 여러

새해에는
우리 동네에
모두 건강하고
행복 하세요

우리 마을을
예쁘게 꾸며 주셔서
정말로 감사 합니다
사랑해요.

사랑합니다
고마섭니다

고맙습니다
감사 합니다
사랑 합니다.

음……
세상을 바라보는 눈이
바뀐 것 같아요

한국해비타트 신유진 매니저

CCYP라는 한국해비타트 학생 동아리 활동으로 시작해
한국해비타트 인턴을 거쳐 정직원이 된 신유진 매니저는
CCYP 연합캠프, 주거 환경 개선 사업과 관련된 일을 하고 있다.

한국해비타트 인턴으로 일하다가 인터뷰를 하던 그날부터 매니저가 되었다며 수줍게 명함을 주던 신유진 매니저는 대학교에 입학하면서부터 한국해비타트 학생 동아리(CCYP) 활동을 쭉 해 온 한국해비타트 5년차다.

신유진 매니저가 한국해비타트를 알게 된 것은 고등학생 때였다. 건축가라는 꿈을 가지고 있던 그녀는 우연히 한국해비타트를 알게 되었고, 한국해비타트의 목표와 비전이 자신이 꿈꾸던 것과 맞닿아 있음을 알게 되었다.

신유진 매니저가 한국해비타트 활동을 본격적으로 시작하게 된 것은 대학 입학 후였다. 당시 학교에 한국해비타트 동아리가 없었지만, 한 선배의 큰 결단으로 동아리(CCYP)가 시작되었다. 물론 거기에는 신유진 매니저도 있었다. 무언가의 초석을 다지는 것은 어지간한 애정이 없으면 불가능하다. 특히 자신의 이익과 관련 없는 일이라면 더더욱. 그러나 신유진 매니저는 한국해비타트 동아리에 쏟는 시간과 에너지가 아깝지 않았다. 자신의 선택이었고, 꿈을 위한 도약이었기 때문이다. 그렇게 CCYP는 학교에서 정식 동아리로 개설되었고, 신유진 매니저의 20대에서 빼놓을 수 없는 인생의 한 부분이 되었다.

한국해비타트 학생 동아리(CCYP) 활동이 신유진 매니저에게 취업에 필요한 스펙이나 경력이 된 것은 아니었지만, 그녀는 쏟았던 시간과 에너지 그 이상의 것을 얻었다. 20대의 앳된 얼굴과 달리 대화 속에서 느껴지는 단단함과 자신만의 신념 같은 것들을 말이다.
왜 한국해비타트 봉사활동을 시작하게 되었는지 묻는 질문에 신유진 매니저는 수줍게 웃으며 답했다.

"음…… 조금 더 나은 세상을 만들고 싶었어요. (웃음)"

진로와 미래에 대한 불안감으로 아등바등하는 20대. 최선을 다해 열심히 살았음에도 많은 이들이 지나간 20대를 떠올리며 '왜 더 열심히 살지 못했을까?' 하는 후회를 남기곤 하는

데, 신유진 매니저의 답변은 '왜 나를 위해서만 애썼을까?'라는 또 다른 후회를 남길 것 같다.

타인을 위해 20대 초반을 아낌없이 쏟고도 그 일을 직업으로 택한 신유진 매니저. 지난 5년간의 봉사활동 경험은 그녀에게 어떤 영향을 주었을까? 그녀가 한국해비타트 봉사활동을 통해 본 세상은 어떤 곳일까?

한국해비타트 학생 동아리(CCYP)

CCYP(Campus Chapters & Youth Program)는 한국해비타트 학생 동아리로서, 열정 가득한 학생들과 건축 봉사, 모금, 홍보 등의 활동을 하는 모임이다. 현재 우리나라에는 2개의 고등학교, 26개의 대학에서 CCYP 활동이 이루어지고 있다(2024년 하반기 기준).

보통 학생들은 대학 졸업 후 취업할 때 도움이 되는 동아리를 선택하는 경우가 많다. '직업이 취준생'이라는 말이 있을 정도로 취업하기 어려운 요즘이라면 더더욱 스펙이 되는 활동을 원하기 때문이다. 신유진 매니저가 활동했던 CCYP는 취업에 얼마나 도움이 될까?

> "학교마다 다른데, 어떤 학교는 봉사활동을 하면 학점을 받을 수 있어요. 하지만 저희 학교는 학점 인정 없이 그냥 정말 봉사활동이었어요. 그리고 어떤 회사냐에 따라 조금씩 다르겠지만, 봉사활동이 취업에 크게 영향을 주는 것 같지는 않아요. 차라리 관련 학회를 한 번 더 가는 게 도움이 될 거예요. (웃음) 저는 어떤 목적 때문에 동아리 활동을 했다기보다

는 그냥 정말 봉사하는 게 좋아서 참여하게 됐어요. 이건 아마 저뿐만 아니라 다른 학생들도 마찬가지일 거예요. 한국해비타트처럼 집을 짓는다거나 도배를 하는 건축 봉사활동은 흔치 않거든요."

한국해비타트 동아리 활동이 취업이나 스펙에 큰 도움이 되지 않음에도 CCYP를 만들고 싶다며 신청하는 학교들이 꾸준히 늘고 있다. CCYP만의 매력은 무엇일까?

"한국해비타트 봉사활동을 하다 보면 누군가를 돕는 기쁨에 뿌듯함을 많이 느껴요. 그리고 CCYP 덕분에 책에서는 배울 수 없는 다양한 경험을 해 본 것 같아요. 졸업이나 취업에 크게 도움이 안 될 수도 있지만, 앞으로의 인생에서 큰 도움이 될 것 같아요."

신유진 매니저가 다니던 학교에 CCYP가 창설된 후 처음 했던 활동은 천안의 집 짓기 봉사였다.

"동아리 부원들이 각자 시간이 되는 날을 정해서 봉사에 참여했어요. 처음 갔던 친구들은 지붕 만드는 일을 했다고 하더라고요. 친구들이 작업하는 현장 사진을 보내 줘서 이런 일도 하는구나 알게 됐어요. 제가 갔던 그날은 샷시 끼우는 일을 했어요. 현장에서 생각보다 저희에게 많은 일을 맡겨 주시더라고요. 자원봉사자가 이런 것까지 할 수 있을까 하는 일도요. 봉사활동으로 지붕을 만들거나 샷시 끼우는 일을 경험해 보기 쉽지 않으니까요. 처음에는 전문가가 해야 하는 일 아닐까 생각했는데, 가르쳐 주시는 대로 했더니 문제 없이 되는 느낌이었어요. 내가 이런 일도 할 수 있구나 하는 생각에 뿌듯했던 기억이 나요."

한국해비타트 봉사활동은 하루 몇 시간 잠시 시간을 내서 하는 다른 봉사활동과 다르다. 보통 지방에서 이루어지는 경우가 많기 때문에 봉사하는 시간을 제외하고도 오가는 시간까지 합하면 하루를 온전히 쏟아야 한다. 때로는 숙소를 잡고 봉사활동 하러 가는 경우도 있다. 또한 현장에서 몸을 쓰는 봉사활동이기 때문에 온몸에 땀이 나거나 먼지와 흙을 뒤집어쓰기 일쑤다.

"그때가 11월 말이라 조금 추웠어요. 겉옷을 입고 하면 먼지가 묻으니까 겉옷을 벗고 활동했는데, 엘리베이터 없는 3층 건물을 계속 왔다 갔다 하니까 추위가 느껴지지 않았어요. 오히려 더워서 집에 갈 때 겉옷을 손에 들고 갔던 기억이 나요. 봉사활동을 마치고 집에 갈 때는 기차 예매를 못 해서 지하철을 타고 왔어요. 거의 1시간 반 정도 걸렸는데, 봉사하러 갔던 45명이 줄지어 앉아 서로의 어깨에 머리를 기대고 자면서 왔어요. 거의 기절하다시피요. 누가 봤으면 이상하게 생각했을 것 같아요. (웃음)"

CCYP는 현장에서 한국해비타트 직원들이 주도하는 자원봉사에 참여하는 것뿐만 아니라 학생들 스스로 프로젝트를 기획해서 진행하기도 한다. 이 과정에서 동아리 부원끼리 서로 의견을 내고, 조율하고, 실행하는 경험을 통해 작은 사회를 맛보기도 한다.

"동아리 친구들과 함께 공유 동아리방을 만들었어요. 학교 근처에 방치된 빈집이 있었는데, 공간이 너무 아깝더라고요. 저희 동아리가 창설된 지 얼마 안 돼서 동아리방이 없기도 했고요. 그래서 그 집을 수리해 자유롭게 소모임을 할 수 있는 공유 동아리방으로 만들자고 의견을 모았어요. 전기도 들어오지 않는 곳이었는데, 휴대전화 불빛에 의지해 페인트칠을 하면서 열심히 꾸몄어요. 어두운 곳에서 페인트칠을 하니까 '우리가 잘하고 있는 건가?' 하는 생각이 들기도 했지만, 전기를 연결해서 불을 켰을 때 불을 처음 발견한 인류처럼 모두 환호성을 질렀어요. 생각보다 너무 예뻤거든요.
또 학교 축제 때 동아리 홍보 겸 후원금을 모아 기부하기 위해 콘크리트 화분을 만들어 판매한 적이 있어요. 동아리 친구들과 공사 현장에서 쓰고 남은 시멘트를 구해 와서 반죽한 후 몰드에 부어서 화분 모양으로 만들었어요. 거기에 바질 모종을 심었는데, 밤새 잠 못 자고 화분을 말리고 모종을 심으면서도 즐거워했던 기억이 나요."

또 다른 세상

신유진 매니저는 한국해비타트 봉사활동을 하면서 또 다른 세상을 보게 되었다.

"저는 사실 그렇게 열악하게 사시는 분들을 본 적이 없었어요. 벽면 전체에 곰팡이가 퍼서 냄새가 심한 반지하에 사시는 분도 계셨고, 화장실이 없는 집에서 사는 분도 보게 되었어요. 그때 우리나라에 화장실이 없는 집이 많다는 걸 처음 알았어요. 집 밖으로 나와서 좀 걸어가야 나오는 공용 재래식 화장실을 사용하시더라고요. 막상 눈앞에서 그런 열악한 집들을 보고 나니 혼란스러웠어요.
한국해비타트 봉사활동을 하지 않았다면 아마 평생 몰랐을 것 같아요. 보통 집은 편안하게 쉬는 곳이라는 이미지가 있는데, 제가 봤던 그분들은 집과 싸우고 있는 것 같았어요. 열악한 환경과 싸우고 있는 느낌이요."

집과 싸운다는 표현을 할 만큼 현장에서 본 집들의 상태는 심각했다. 안타까움을 넘어 도와주고 싶다는 생각을 하지 않을 수 없었다.

"도배 봉사를 하러 갔던 집 중에 굉장히 낡고 오래된 집이 있었어요. 그 집에 어르신이 살고 계셨는데, 물건을 버리지 못하시는 거예요. 저장강박증 같았어요. 단순히 물건뿐만 아니라 쓰레기나 음식물까지도 버리지 못하고 계속 모아두시더라고요. 버리고 싶어도 버리는 게 안 되시는 거죠.

쌓아놓은 쓰레기 더미에서 벌레가 정말 많이 나왔어요. 태어나서 처음으로 그렇게 많은 바퀴벌레를 본 것 같아요. 하나하나 죽일 수 없을 만큼 바퀴벌레가 많아서 살충제를 뿌리고, 토치를 사용해 태워야 할 정도였어요.

그때 근처 사회복지센터 복지사님이 오셔서 쓰레기를 버리도록 어르신을 설득해 주셨어요. 저희가 억지로 버리려고 하면 어르신 입장에서는 굉장히 불쾌하실 수 있으니까요. 복지사님이 설득하고, 설득해서 결국 쓰레기를 버릴 수 있었어요. 쓰레기를 버리는 시간도 오래 걸렸지만, 어르신을 설득하는 데 더 오랜 시간이 필요했어요. 그래도 버리지 못하던 물건을 버리기로 결심한 그 순간이 어르신의 마음이 회복되는 시작이지 않았을까 생각해요. 쓰레기를 치운 후 집을 수리해 드리고 깨끗하게 도배해 드렸어요. 앞으로 깨끗해진 그 집에서 건강하게 지내셨으면 좋겠어요."

신유진 매니저가 경험한 현장은 대부분 춥고 열악했지만, 그곳에서 느낀 봉사의 기쁨으로 인해 마음만은 늘 따뜻했다.

"노후된 지역에 가서 생활환경을 개선하는 도시재생사업에 참여했을 때였어요. 그때 마을을 예쁘게 꾸미는 일을 했어요. 일을 다 끝내고 베이스캠프에서 쉬려는데 주민 분이 보자기에 무언가 바리바리 싸 오신 거예요. 보자기를 열어 보니 따끈한 고구마, 감자가 있었어요. 그리고 이것만 먹으면 목 막힌다고 보리차까지 싸 주셨더라고요. 생각지도 못한 선물을 받아서도 기뻤지만, 그분의 따뜻한 마음이 느껴져서 더 감동이었어요. 너무 소중한 간식이라 그날 저녁에 야식으로 먹고, 다음날 집에 가져와서 다 먹었어요. 진짜 맛있었어요. 그때 찍었던 사진이 있는데, 지금 봐도 감동이에요."

감자와 고구마 속에 담긴 온기처럼, 한국해비타트와 함께한 신유진 매니저의 20대는 늘 따듯하고 훈훈했다.

CCYP 연합캠프

CCYP 활동을 통해 다양한 경험을 해 본 신유진 매니저는 누가 시키지 않아도 새로운 일을 기획하고 실행하는 데 익숙했다. 한국해비타트 인턴이 된 후, 그녀는 해 보고 싶었던 일을 제안했다.

> "음…… 한국해비타트 학생 동아리(CCYP) 활동을 하면서 여러 학교의 CCYP가 모여 연합캠프를 하면 좋겠다는 생각이 있었어요. 그래서 인턴이 되고 나서 담당이었던 이은경 매니저님에게 제안을 드렸는데, 긍정적으로 검토해 주셔서 CCYP 연합캠프를 진행하게 됐어요.
> 그때 연합캠프에 참여했던 친구들이 저한테 캠프가 생겨서 너무 좋다면서 제일 뿌듯했던 활동이었다고 이야기해 주었어요. 그런 이야기를 들으니 제가 CCYP를 위해 무언가 할 수 있었다는 생각이 들어 뿌듯했던 것 같아요. 자신감도 생기고요."

CCYP 연합캠프는 CCYP 학생 중에서 신청을 받아 고령화 때문에 인구 소멸 위기에 처한 지역에 가서 2박 3일간 주민들을 돕는 활동이다. 사소하게는 무거운 짐을 버리는 일부터 마을회관을 고치는 일까지 주민들의 요구에 따라 여러 가지

일을 했다.

"마을을 둘러보니, 독거노인이나 몸이 불편한 분들이 많으시더라고요. 무엇을 도와드리면 좋을지 여쭤 보니 짐을 버려달라고 하셨어요. 집 안에 버리지 못해 쌓아놓은 무거운 짐이나 가구가 많았어요. 짐과 가구를 버리면 집을 더 넓게 효율적으로 사용할 수 있는데, 그걸 들고 나갈 수가 없고 또 버려 줄 사람도 없으니 계속 쌓아두신 거예요. 그래서 저희가 짐과 가구들을 날라서 버리는 일을 했어요.

또 불이 나간 전구를 교체해 드리기도 하고, 비닐하우스 수리도 도와드렸어요. 사용하지 않는 마을회관을 마을라운지로 바꾸기 위해 도배, 페인트칠, 타일 작업, 가구 배치 등도 했고, 마을 어르신들이 앉아 쉬실 수 있게 벤치도 만들어 드렸어요. 한국해비타트 봉사활동을 오래 하다 보면 간단한 가구 정도는 만들 수 있거든요. 그런데 벤치는 생각보다 만들기 어렵더라고요. 그래서 건축팀장님께 SOS해서 만들었어요."

2박 3일간 주민들을 돕기 위해 찾아간 봉사활동이었지만, 신유진 매니저와 학생들은 오히려 채우고 온 듯한 느낌이 들었다.

"저희가 부녀회장님 댁에 있는 책과 짐들을 옮겨 드렸는데, 그때는 뭔가 툴툴거리시는 느낌이었거든요. '또 내 트럭을 빌려 줘야 돼?' 이렇게요. 그런데 말만 그렇게 하시지 저희에게 간식이라든지 아니면 장갑이라든지 필요한 것들을 계속 갖다주셨어요. 또 마을 골목길에서 만나는 어르신들마다 저희에게 한마디씩 말 걸어 주시고요.

그리고 봉사하러 간 학생 30명이 다 같이 먹을 수 있는 식당이 없어서 도시락을 시켜 먹으려고 했는데, 주민 분들이 굴, 가리비, 갯장어를 가져와서 저녁을 만들어 주셨어요. 명절처럼 전도 부치고요. 정말 마을 잔치 같았어요. (웃음) 그때 어촌 계장님이 저희에게 오셔서 우리 마을에 와서 집도 고쳐주고, 도배도 해 줘서 너무 고맙다고 몇 번이나 말씀하셨어요. 티 나게 표현을 많이 하시지는 않았지만, 그분들의 따뜻한 마음이 2박 3일 내내 느껴졌어요."

CCYP 연합캠프에 참여했던 신유진 매니저와 학생들은 예상치 못한 즐거움을 경험하기도 했다.

"아직도 생각나는 게 있어요. 그때 그 마을에 어린이가 딱 한 명 있었는데, 그 아이가 어느 순간부터 연합캠프 내내 저희를 따라다니더라고요. 그래서 아이랑 2박 3일간 같이 지냈어요. 같이 영상도 찍고, 춤도 추고, 마을 지도도 그리고요.

헤어질 즈음 아이가 또 오면 안 되냐고 묻더라고요. 아이에게 겨울에 또 오겠다고 약속하며, 그때 같이 하고 싶은 거 없냐고 물었더니 탕후루가 먹어 보고 싶다고 했어요. 그래서 다음에 같이 탕후루 만들어 먹기로 약속하고 헤어졌어요."

신유진 매니저와 학생들은 아이와의 약속을 잊지 않았다. 한겨울 찬 바람이 불 때쯤, 그들은 다시 그곳을 찾았다.

"약속했던 탕후루는 안전상의 이유로 만들지 못했지만, 겨울에 다시 찾아가겠다는 약속은 지켰어요. (웃음) 탕후루 대신 아이가 다니는 초등학교 같은 반 친구들을 초대해서 같이 모루 인형, 레진아트, 과자집을 만들었어요. 마침 봉사하러 갔던 CCYP 학생 중에 춤을 잘 추는 친구가 있어서 아이들과 함께 노래에 맞춰 춤추고, 춤 대결도 하며 놀았어요. 또 술래잡기도 하고, 같이 바다 배경으로 사진도 찍고요. 정말 아이들이랑 신나게 놀았던 것 같아요."

한국해비타트 봉사활동에는 경험해 봐야만 알 수 있는 훈훈함이 있다. 이 훈훈함은 오랫동안 신유진 매니저의 가슴에 남았다.

"한국해비타트 동아리를 하면서 많은 것을 보고 느끼고 경험했어요. 음…… 봉사활동을 하면서 세상을 바라보는 눈이 바뀐 것 같아요. 제가 누군가를 도울 수 있다는 것도 알게 됐지만, 사람 사이에 오고 가는 따뜻한 마음에 대해서도 배웠거든요. 그리고 이런 것들이 앞으로 살아가는 데 많은 도움이 될 것 같아요. 그래서 꼭 CCYP를 경험해 보라고 추천하고 싶어요."

봉사활동 그리고 집

누군가를 위해 시간과 노력을 들여 봉사활동을 한다는 것은 쉽지 않다. 그럼에도 불구하고 신유진 매니저가 오랫동안 한국해비타트 봉사활동을 할 수 있었던 이유는 무엇일까?

"제가 당연하게 생각했던 것들이 누군가에게는 당연하지 않을 수 있다는 것을 알게 되면서 봉사활동을 꾸준히 하게 됐던 것 같아요.
사실 집이라는 건, 정말 최소한의 생존 조건이잖아요. 그런데 그게 당연하지 않을 수도 있더라고요. 제가 집 고치기 현장에서 봤던 그분들에게 집은 생존의 문제였어요. 그래서 더욱더 도와드리고 싶다는 마음이 들었던 것 같아요."

자신보다 더 어려운 사람을 만났을 때, 마음속에 두 가지 마음이 공존하는 경우가 있다. 안타까워하는 마음, 그리고 내 삶에 대해 감사하는 마음이다. 어려운 사람을 보고 도와주고 싶다는 마음을 떠올리면서 동시에 너무도 당연하게 누려 왔던 것들에 대해 새삼 감사하게 된다는 것이 조금은 아이러니하게 느껴지지만, 이것은 인간이기에 느낄 수 있는 감정이기도 하다.

> "당시 제가 학생이어서 학교 근처 원룸에서 살았는데, 늘 집이 좁다고 생각했었거든요. 그런데 더 열악한 곳에 사는 분들이 계시다는 걸 알고는 더 이상 불평하지 않게 됐어요. 사실 그동안 집 계약 기간이 끝나 다른 집을 알아보러 다닐 때마다 최대한 큰 길 가까이에 있는 안전한 집, 반지하 말고 지상의 햇빛 잘 드는 집, 그리고 예산에 맞는 넓고 깨끗한 집을 찾기 위해 발품을 팔았어요. '이 넓은 서울에 내가 살 곳이 없다니.' 하는 생각에 속상하기도 했고요. 그런데 한국해비타트 봉사활동을 통해 저보다 더 간절하게 집을 필요로 하는 사람들이 있다는 걸 알게 됐어요. 해비타트의 비전처럼 모든 사람들이 안락한 집에서 편안하게 쉼을 누릴 수 있었으면 좋겠어요."

마지막으로 신유진 매니저는 그동안 봉사활동을 하며 경험했던 한국해비타트의 집에 대해 이렇게 말했다.

"현장에서 제가 만들었던 집들은 마감이 안 된 굉장히 러프한 상태였는데도 뭐랄까요, 튼튼하고 아늑한 느낌이었어요. 그래서 이 집에서 누군가 살게 된다면 즐겁게, 행복하게 살 수 있을 것 같다는 생각이 들었어요. (웃음) 그리고 저뿐만 아니라 집을 짓는 자원봉사자들이 집 곳곳에 응원의 메시지를 남겼어요. 이렇게 따뜻한 응원이 담긴 곳이라면 희망을 가지고 살아가시게 되지 않을까 하는 생각이 들어요. 또 제가 고등학생 때부터 건축으로 조금 더 나은 세상을 만들고 싶다는 꿈이 있었는데, 한국해비타트에서 짓는 집이 그런 집인 것 같아요. 이제 직원이 되었으니 사명감을 가지고 더 나은 세상을 만들기 위해 열심히 노력하겠습니다!"

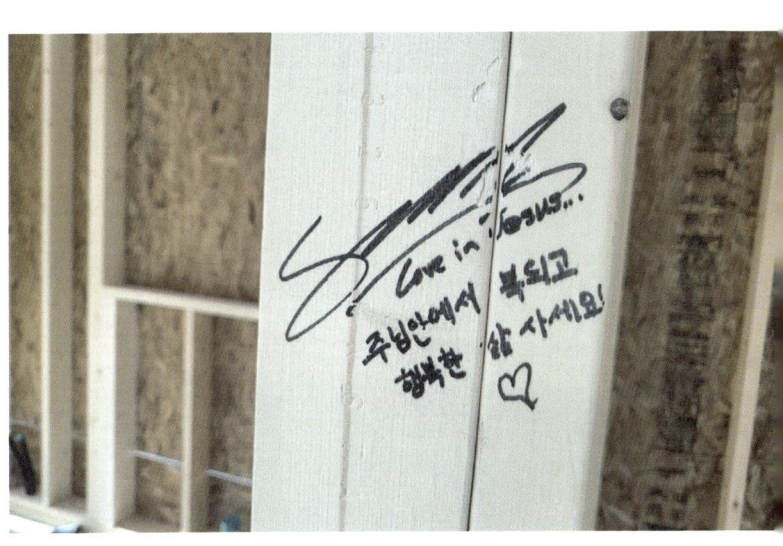

봉사활동을 통해
하나님 나라에
동참하고 싶었어요

자원봉사자 전재국 목사

전재국 목사는 2007년부터 10여 년간 매주 월요일마다
한국해비타트 현장을 찾아 봉사활동을 했다.
지금은 은퇴 후 성경 공부 교재로 가르치는 일을 하고 있다.

평생 목회자로서 살아온 전재국 목사는 현재 은퇴 후의 삶을 누리고 있다. 은퇴 후의 삶이 조금은 여유롭고 느긋할 거라는 예상과 달리, 그의 하루하루는 지금도 바쁘다. 목회자로서는 은퇴했지만 평생 해 온 성경을 연구하는 일은 은퇴하지 않았기 때문이다. 그는 현재 성경 공부 교재를 만들어 가르치는 일을 하고 있다. 인터뷰한 그날은 일주일 중 유일하게 스케줄이 없는 날이었다.

지금은 건강이 예전 같지 않아 봉사활동을 하지 못하지만, 그는 10여 년간 매주 월요일마다 한국해비타트에서 꾸준히 봉사했던 자원봉사자였다. 주 5일 일하는 것이 당연하게 여겨지고 이제는 주 4일 근무를 외치는 요즘이지만, 목회자들은 예나 지금이나 주 6일을 일한다. 일주일 중 유일하게 쉴 수 있는 하루, 월요일. 그러나 그마저도 성도들에게 일이 생기면 곧장 달려가야 하기에 목회자들에게 월요일의 쉼은 더욱더 값지다. 그럼에도 그는 10여 년간 유일하게 쉴 수 있는 그 하루를 한국해비타트에서 봉사활동을 하며 보냈다. 의지 이상의 무언가가 없다면 지속되기 어려운 10여 년이라는 긴 시간. 그에게 한국해비타트 봉사활동은 쉼의 즐거움을 포기할 만큼 가치 있었다.

> "성경에서 하나님 나라를 집 짓는 것에 많이 비유하거든요. 한국해비타트에서 봉사하면서 깨달았어요. 예수님은 모퉁잇돌이고, 그리스도인들은 거기 연결된 벽돌이라는 걸요. 그래서 봉사를 하며 집을 짓듯이 하나님 보시기에 선한 일을 하며 하나님 나라에 동참하고 싶었어요."

전재국 목사는 평생 자신이 설교했던 대로 살기 위해 노력했다. 하나님을 사랑하고, 이웃을 사랑하는 것, 그리고 하나님 나라를 꿈꾸며 사는 것. 그가 한국해비타트에서 꾸준히 해 온 봉사활동은 그중 일부였다. 그러나 75년 인생에서 10여 년에 불과했던 한국해비타트 봉사활동은 그에게 큰 깨달음을 준 값진 경험이었다. 봉사활동을 통해 하나님 나라를 깊이 깨달았기 때문이다.

"저는 하늘나라 건축자이신 예수님이 지어 주신 처소를 꿈꿉니다."

10여 년간 다른 사람의 집을 지어 주기 위해 봉사했던 전재국 목사 또한 집이 필요한 사람이었지만, 그가 꿈꾸는 집은 따로 있었다. 그곳은 바로 하나님 나라이다.

봉사활동의 시작

전재국 목사는 작은 개척교회의 목회자였다. 그는 교회를 개척하자마자 성탄절 헌금만큼은 무조건 구제와 선행을 위해 사용하겠다는 결심을 했다. 넉넉하지 않은 개척교회의 재정이었음에도 그의 결심은 확고했다.

"개인적으로 제가 가진 믿음의 색깔 때문이라고 할 수 있어요. 목사냐 아니냐를 떠나서 저는 예수님을 따르는 제자로서 살겠다는 마음의 목표가 있었어요. 그래서 목회를 하면서 어떻게 삶으로 예수님을 따를 수 있을까를 늘 고민하다가 아무리 힘들어도 구제와 선행을 하자는 결심을 했어요. 그래서 성탄절 헌금으로 소년 소녀 가장들을 도왔어요."

그가 섬기던 교회가 조금씩 자리를 잡아 가면서 구제헌금에 대한 부담이 처음보다 줄어 갔다. 1년에 한 번이었던 구제 횟수는 한 달에 한 번으로 늘어났다. 하지만 시간이 지나면서 성장의 반열에 올랐던 교회가 조금씩 기울기 시작했다.

"달이 보름달이 되었다가 초승달이 되는 것처럼 교회가 힘들어졌어요. 교회 예산이 부족하고, 헌금이 부족하다 보니 더 이상 누군가를 도울 수 없더라고요. 고민이 됐어요. 교인들에게 늘 선을 행하라고 설교하는데, 나는 무엇으로 선을 행해야 하나 싶었죠. 목사로서 설교만 하는 것이 아니라 내가 먼저 모범이 되어야 설교를 할 수 있겠다고 생각했어요. 그래서 다른 방법을 찾았는데, 그게 바로 한국해비타트였어요."

2001년, 미국 전 대통령 지미 카터가 아내와 함께 한국해비타트의 무주택 저소득층을 위한 '사랑의 집 짓기' 현장에 와서 자원봉사자로 참여한 적이 있다. 더운 여름이었지만 숙련된 톱질과 망치질을 하던 지미 카터의 모습이 전파를 통해 알려지면서 한국해비타트가 국민들에게 알려졌다. 이는 한국해비타트 운동이 부흥하는 계기가 되었다.

"예전에 지미 카터 대통령이 우리나라에 왔어요. 당시 한국해비타트가 우리나라에서 시작된 지 얼마 안 됐던 걸로 알고 있는데, 마침 카터 대통령이 방한하면서 한국해비타트가 많이 알려졌어요. 저도 그때 한국해비타트를 알게 됐어요. 그래서 그해 경기도 파주시 장단면 임진강 건너에서 처음 봉사를 했어요. 그게 시작이었습니다."

수많은 봉사단체 가운데 왜 하필 한국해비타트였을까?

"사람마다 다양한 모습으로 봉사를 할 수 있는데, 저는 당시 건강한 몸 외에는 아무것도 가진 게 없었어요. 그런데 다행히도 한국해비타트는 건강한 몸만 있으면 봉사할 수 있었어요. 어떤 봉사활동은 돈 들이지 않고 봉사하면서 오히려 대접을 받기도 하는데, 한국해비타트는 직접 참가비를 내고 가서 봉사한다는 게 좋았어요. 봉사활동 하러 갈 때 내는 참가비에는 내가 그날 먹을 물, 점심, 간식, 안전모, 장갑, 심지어는 보험료까지 포함되어 있어요. 이거야말로 진짜 봉사다 싶더라고요."

그는 봉사의 대가로 식사나 간식을 대접받는 봉사가 아니라 온전한 봉사를 하고 싶었다. 그런 점에서 한국해비타트는 그가 바라던 최적의 봉사활동 장소였다. 결심이 선 그는 한국해비타트 봉사활동을 신청하고, 참가비를 지불한 후 현장으로 향했다.

"파주에서 열린 건축 현장으로 갔어요. 제가 갔던 그날은 비가 많이 왔어요. 목조 건축 2층까지 벽돌이 다 세워져 있었는데, 그 벽돌 안에 벽체를 연결하는 문을 달고 기둥을 세우는 작업을 했던 기억이 나요."

비 오는 날 건축 현장에서 일하는 것은 젊은 사람들에게도 쉽지 않다. 우비로 인해 가려지는 시야, 물을 머금은 무거운 나무, 질퍽거리는 땅, 물기 때문에 미끄러지기 쉬운 망치질. 그날의 작업은 맑은 날보다 몇 배는 더 힘이 들었다. 그러나 그런 어려움은 그에게 문제가 되지 않았다.

> "그날 힘들었죠. 하지만 그게 비가 많이 와서 육체적으로 힘든 게 아니라 아직 체계가 잡히지 않아서 제대로 진행되지 않는 게 힘들더라고요. 그때만 해도 리더들의 수가 부족해서 일이 매끄럽게 진행되지 않는 느낌이었어요. 제가 갔을 때는 외국인 리더들이 있었는데, 리더들의 말을 제대로 알아들을 수 없으니 뭐 못 알아듣는 영어, 알아듣는 영어 섞어 가면서 눈치껏 일했던 기억이 나요."

말이 잘 통하지 않는 현장, 조금은 어수선한 분위기. 그는 예상했던 것과 다른 현장의 분위기로 인해 회의감이 들었다. 그날 이후, 그는 한국해비타트 현장에 가지 않았다.

저는 당시 건강한 몸 외에는
아무것도 가진 게 없었어요.
그런데 다행히도 한국해비타트는
건강한 몸만 있으면 봉사할 수 있었어요.

전해국 목사

현장에서의 깨달음

"그런데 시간이 지날수록 자꾸만 봉사를 해야겠다는 마음이 들더라고요."

그는 다시 한국해비타트 현장을 찾았다. 이번에 찾아간 곳은 파주가 아닌 천안이었다. 천안 현장은 체계가 잘 잡혀 있었고, 한국인 건축팀장의 진두지휘 아래 이루어졌기에 그는 큰 어려움 없이 일할 수 있었.

그는 당시 목회를 하고 있었기 때문에 월요일마다 봉사 현장을 찾았다. 월요일은 일주일 중 유일하게 쉬는 하루였다.

"목사들은 보통 월요일에 쉬어요. 그런데 저는 그날 휴식을 하더라도 창조적으로 하고 싶었어요. 목사들은 늘 머리를 써요. 하긴 어디 간들 머리를 안 쓰겠어요? (웃음) 그런데 한국해비타트 현장에 가면 머리를 안 써요. 몸은 움직이지만 머리는 쉴 수 있으니 창조적이고 생산적인 휴식이죠. 그리고 무엇보다 마음이 편했어요."

몸을 쓰는 일을 하다 보면 머리가 쉬는 느낌이 들 때가 있다. 몸을 움직이고, 땀을 흘리면 머릿속을 가득 채웠던 근심과 걱정이 조금씩 사라진다. 깡마른 체구에 예순이 넘은 나이였지만, 그는 현장에서 땀 흘리는 것이 좋았다.

> "힘든 건 잘 몰랐어요. 그냥 가서 봉사하는 게 좋았죠. 즐거웠고요. 사람마다 즐거움을 느끼는 게 다 달라요. 어떤 사람들은 앉아서 움직이지 않고 일하는 것을 즐거워하고, 어떤 사람들은 몸을 움직이는 것을 즐거워하죠. 제가 한국해비타트를 섬김의 장소로 삼은 것은 몸을 움직이는 것을 즐거워하는 사람이기 때문이에요.
> 섬김이라는 게 누가 하니까 한다, 또 무엇이 좋다고 하니까 한다 그런 게 아니라 나를 알고 내가 즐겁게 할 수 있는 일로 섬기는 것이 중요하다고 봐요."

집 짓기 건축 현장에서 자원봉사자가 하는 일은 건축 일정에 따라 그날그날 달라진다. 재미있고, 하고 싶은 일을 하는 것이 아니라 건축 일정에 맞는 필요한 일을 하는 것이다. 그는 현장에서 그날 주어진 일을 성실하게 해내는 모범적인 자원봉사자였다.

> "일반적으로 건축 봉사하러 오는 분들이 재미있어하는 것은 내가 직접 참여하면서도 힘이 덜 드는 일이에요. 예를 들면,

기초를 닦고 기초 위에 기둥을 세우고 벽을 세워 가면서 못을 박아요. 그러고 나면 지붕을 얹고, 지붕 위에 올라가서 또 못을 박아요. 이런 일들은 상당히 재미있어요. 내가 하는 일의 결과가 즉각적으로 보이거든요.
그렇지만 모두가 재미있는 일만 할 수는 없죠. 누군가는 재미없는 일도 해야 해요. 예를 들면 자재를 나르거나, 쓰레기를 줍거나, 땅에 떨어진 못을 줍거나, 구부러진 못을 펴는 일이요. 공사 건축 현장이니까 위험물들이 많이 널려 있거든요. 그래서 저는 한국해비타트 리더들의 지시대로 청소하라고 하면 청소를 하고, 못을 펴라고 하면 못을 펴고, 못을 주우라고 하면 못을 주웠어요. (웃음)"

그는 가끔 가서 봉사하는 이들과 달리 매주 현장을 찾았기 때문에 건축의 전 과정을 보는 즐거움을 맛볼 수 있었다. 아무것도 없던 땅에 기초가 놓이고, 땅에서 올라오는 습기와 냉기를 차단하기 위해 비닐을 깔고, 단열재를 설치하면 골조 공사가 진행된다. 그 후에는 거푸집을 만들고, 철근 배근 작업 후 콘크리트를 부어 굳히는 과정을 반복하고 나면 지붕의 뼈대가 만들어진다. 그리고 강관 비계를 설치해 외장공사가 이루어진다. 그는 10여 년간 현장을 지킨 덕분에 신기한 이 과정을 가까이서 지켜볼 수 있었다.

"성경에서 하나님 나라를 집 짓는 것에 많이 비유하거든요. 그래서인지 집이 지어지는 과정을 보는 게 참 신기하더라고요. 집 짓는 과정을 보면서 나도 하나님 나라를 위해 믿음의 집을 잘 지어야겠다는 생각을 많이 했던 것 같아요.

또 현장에 오래 있다 보니 어깨너머로 이것저것 많이 배웠어요. 제가 살던 집이 겨울이 되면 단열이 잘 안 돼서 너무 추운 거예요. 그때 한국해비타트에서 배운 기술로 벽을 수리하기도 했어요. (웃음)"

그가 현장에서 배운 것은 이런 기술만이 아니었다.

"저는 굉장히 내향적인 사람인데, 한국해비타트 봉사활동을 하러 가면 전부 생판 모르는 사람들이에요. 모르는 사람들이지만 함께 일을 하려면 한 팀이 돼야 해요. 그러니 내 마음대로 해서는 안 되죠. 일을 제대로 할 수 없어요. 거기서는 내가 나이를 더 먹었고, 믿음을 가졌고, 목사니까 먼저 다가가서 인사했어요. 그러다 보니 내향적인 성격을 극복하는 데 도움이 됐던 것 같아요.

또 어려운 사람들이 참 많은데, 그들의 필요를 위해 내가 이렇게 섬길 수 있다는 것이 참 감사하더라고요."

그렇지만 모두가 재미있는 일만 할 수는 없죠.
누군가는 재미없는 일도 해야 해요.
예를 들면 자재를 나르거나, 쓰레기를 줍거나,
땅에 떨어진 못을 줍거나, 구부러진 못을 펴는 일이요.

집

교회가 안정되면 보통 목회자들은 교회에서 마련해 준 사택에서 생활하게 된다. 그러나 개척교회 목사였던 그는 교회가 부흥했을 때도, 어려워졌을 때도 사택을 요구하지 않았다.

> "저는 성인이 되어 독립한 이후 항상 월세 집에서 살았어요. 지금도 그렇고요. 목회를 하면서도 사택은 생각도 못 했고, 바라지도 않았어요. 그 결과가 지금까지 연결되었지만, 그렇다고 후회하지는 않아요."

사택 없이 월세 집을 전전했던 그의 가족에게는 많은 어려움이 있었다.

> "정말 이사를 많이 했어요. 한번은 반지하에 살 때였는데 물난리가 났어요. 골목길에 차오른 물이 반지하인 저희 집까지 들어왔죠. 하필 그날은 겨울을 따뜻하게 나려고 한국해비타트에서 배운 기술로 벽 수리를 하기 위해 짐을 바닥에다 내려놓은 날이었어요. 그런데 집 안에 물이 들어오니까 큰일이 났죠. 그래서 물이 못 들어오게 방 한가운데 바리케이드를 쳐 놓고 기다리는데 비가 안 그치는 거예요. 가족들이 모여서 하나님께 기도했어요. 비를 멈춰 달라고요. 잠시

후, 감사하게도 비가 그쳤죠. (웃음)

또 한번은 보증금과 월세가 저렴한 지하에서 살았던 때가 있었어요. 그때가 아마 인생에서 가장 어려운 때가 아니었을까 싶어요. 어느 날, 3층에 살던 주인집에서 불이 난 거예요. 불이 나니 정신이 없었죠. 불 때문에 피해가 컸어요. 그을음이 가득했지만 그래도 참고 살아 보자 하고 있었는데, 집주인이 3층이 아닌 지하를 수리해서 살겠다고 저희 보고 나가라고 하더라고요. 결국 그 집에서 나와야 했어요. 그런데 그 보증금으로는 어디 갈 데가 없는 거예요. 결국 저희 아이가 대출받은 돈을 보태서 이사를 했어요. 아이한테 너무 미안했죠."

그는 아이들에게 늘 미안했다. 자신은 목회자로서 믿음을 가지고 선택한 결과였기에 받아들일 수 있었지만, 아이들이 고생하는 것을 보노라면 늘 마음이 아팠다.

"나중에 다 큰 아이들에게 어렵게 살아서 미안하다고, 좋은 집에서 살지도 못하고, 용돈도 제대로 못 주고, 어디 데리고 나가서 뭘 사 먹인 적도 없고 늘 고생시켜서 미안하다고 말한 적이 있어요. 그랬더니 딸아이가 그러더라고요. 자기는 그때가 제일 행복했다고요. 깜짝 놀랐어요. 어떻게 딸아이가 그런 마음을 가질 수 있었을까 싶었죠. 모든 게 하나님의 은혜예요."

행복했다는 딸의 고백은 그 무엇보다도 그를 행복하게 했다. 그는 이 모든 것이 하나님의 은혜였노라고 눈물로 감사기도를 드렸다.

평생 월세 집을 전전했던 전재국 목사 또한 집이 필요한 사람이었다. 그는 한국해비타트 집에 입주할 수 있는 대상임에도 불구하고 자원봉사자로 남기 원했다.

"집이 좋아지면 활동하기도 편하고 무엇보다 몸이 편안해지겠죠. 물론 몸이 편안한 것, 좋아요. 하지만 중요한 건 마음이 편안한 거예요. 몸이 불편한 건 참을 수 있지만, 마음이 불편한 건 참을 수 없어요. 그런데 저는 지금도 편안해요. 무엇보다 저는 하늘나라 건축가이신 예수님이 지어 주신 처소를 꿈꾸기 때문에 괜찮아요. 이 세상에서 비교할 수 없는 완전히 좋은 집이지요. (웃음)"

마지막으로 그는 자신이 생각하는 집의 의미에 대해 이렇게 말했다.

"우리는 내 소유의 집이 있어야 하고, 또 그 집이 좋아야 가정이 화목하고, 자녀를 잘 양육할 수 있을 거라고 생각해요. 하지만 집이라고 하는 건물과 상관없이 우리에게 주어진 삶의 환경이 어떠하든지 그 속에서 가정이 화목할 수 있고, 자녀를 잘 양육할 수 있는 것 같아요. 어떤 집에서 사느냐보다 그 집에서 살아가는 사람이 더 중요하니까요. 저뿐만 아니라 모두가 이걸 기억하면서 살아갔으면 좋겠어요."

안녕, 집

입주가정 이야기

"300시간 동안 봉사활동을 하면서

집을 짓는다는 게 얼마나 힘든 일인지 알게 됐어요.

저희는 앞으로 우리가 살 집이니까 힘들어도 기쁘게 일하지만,

자원봉사자들은 자기 집이 아닌데도

이 힘들고 고된 일에 마음을 다해 일하시더라고요.

봉사라는 이름으로, 때로는 후원이라는 이름으로

애쓰고 힘써 주셔서 정말 감사합니다.

그리고 자원봉사자들이

곳곳에 응원의 글을 남겨 주신 것을 보았어요.

그 마음들 잊지 않고 힘내서 행복하게 살겠습니다."

입주가정 이야기_01

"한국해비타트 집에 입주하기 위해서

300시간 동안 봉사활동을 했어요.

버스비가 없어서 아들과 45분을 걸어서 현장으로 가야 했지만,

내 집에서 두 아들과 함께 살 수 있다고 생각하면

그마저도 기뻤어요.

아들과 직접 지은 따뜻한 새 보금자리에서 희망을 얻었어요.

이 집이 없었다면 우리 가족은 어떻게 됐을까요?

이런 생각을 하면 더욱더 집에 대한 고마움과 소중함을 느끼게 돼요."

입주가정 이야기_02

"이제 더 이상 집 안에 말벌이나 쥐가 들어오지 않습니다.

화장실이 집 안에 있어 편하게 이용할 수 있습니다.

물을 데우지 않아도 샤워기를 틀면 따뜻한 물로 씻을 수 있습니다.

외풍이 없어서 모자를 쓰지 않아도 따뜻하게 잘 수 있습니다.

평범한 집에서 사는 게 소원이었는데

제 소원이 이루어졌습니다."

"그동안 추운 곳에서 씻느라 힘들어하던 아이들을 생각해서
화장실 바닥까지 보일러를 깔아 주셨더라고요.
정말 감동받았어요.

어려움이 행복으로 바뀌면서 우리 가족은 더 단단해졌습니다.
이제 저희처럼 어려운 분들을 돕는 가정이 되겠습니다."

"집 안의 단열만큼 우리 가족의 마음도 따뜻해졌습니다.
공사가 끝나고 한국해비타트 직원 분이
'내 집처럼 공사했습니다.'라고 하셨는데,
그 말 한마디가 집보다 더 큰 감동이었습니다.

저희 가족에게 따뜻한 삶의 터전을 만들어 주셔서
정말 감사합니다."

한국해비타트의 사역에

마음으로 함께하고 싶습니다.   땀으로 함께하고 싶습니다.

후원하러 가기   봉사활동 신청
                                              하러 가기

안녕, 집

초판인쇄	2024년 11월 05일
초판발행	2024년 11월 15일
엮은이	(사)한국해비타트(이사장 윤형주)
펴낸이	강성훈
발행처	소북소북
주소	03128 / 서울시 종로구 대학로3길 29, 신관 4층(총회창립100주년기념관)
편집국	(02) 741-4381 / 팩스 741-7886
영업국	(031) 944-4340 / 팩스 944-2623
홈페이지	www.pckbook.co.kr
인스타그램	pckbook_insta
등록	No. 1-84(1951. 8. 3.)

책임편집 정현선
기획 김은희
편집 이슬기 김은희 이가현 강수지
경영지원 박호애 서영현

사진 한국해비타트
표지 디자인 김소영
디자인 남충우 김소영 남소현
마케팅 박준기 이용성 성영훈 이현지

ISBN 978-89-398-7007-9
값 16,700원

소북소북 은 한국장로교출판사의 출판 브랜드입니다.

※ 이 출판물은 저작권법에 의해 보호를 받는 저작물이므로 무단전재와 무단복제를 할 수 없습니다.